OBSERVATIONS
SUR LA CONDUITE
DU MINISTRE
DE PORTUGAL
DANS L'AFFAIRE
DES JÉSUITES.

Traduction d'un Ecrit Italien.

A AVIGNON.
══════════════
M. DCC. LXI.

AVERTISSEMENT.

ON voit bien aujourd'hui que ce n'est pas aux Jésuites qu'on en vouloit dans le Portugal : c'est à la Religion. Ce qui leur fait bien honneur, c'est qu'il paroît qu'on n'a pas cru pouvoir attaquer la Religion avec succès, si on ne commençoit par eux. Si pourtant il se trouvoit quelqu'un à qui il restât encore contre les Jésuites quelques fâcheuses impressions, on ose assurer que la lecture de ces Observations suffira pour les effacer.

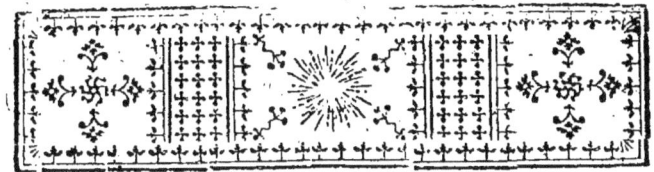

OBSERVATIONS
SUR LA CONDUITE
DU *MINISTRE DE PORTUGAL,*
DANS L'AFFAIRE
DES JÉSUITES.

PREMIERE PARTIE.

ES Princes font hommes : leurs Jugements, par conféquent, de quelques formalités qu'on les fuppofe revêtus, font fujets à l'erreur. Soit ignorance, foit méchanceté, de la part de ceux qui concourent à les rendre, ces Jugements peuvent quelquefois être injuftes : mille exemples l'ont prouvé d'avance.

Qu'on fe rappelle celui qu'en donna la Cour même de Rome, fous le pontificat de Pie IV. On y fit périr fur un échafaud, comme atteints & convaincus des crimes les plus énormes, les Princes Caraffes, que son successeur immédiat S. Pie V. déclara innocents, en condamnant Monseigneur Palantieri, qui les avoit condamnés.

Il faut bien se garder de conclure que les Princes deviennent injustes par l'approbation qu'ils donnent à de telles décisions. Quelque injustes qu'elles puissent être en elles-mêmes, on ne doit pas penser que le Prince ait en rien blessé l'équité. Il les croyoit très-justes, sans quoi il n'y eût point apposé le sceau de son autorité ; n'y eût-il apperçu que la plus petite ombre d'injustice. On sait que par eux-mêmes, les Princes ne peuvent pas toujours pénétrer le labyrinthe des affaires ; qu'ils ne peuvent, ni tout faire seuls, ni tout voir de leurs propres yeux. S'il arrive qu'ils soient trompés par ceux-là mêmes qui doivent leur montrer la vérité, leur méprise alors n'a rien de coupable ; en cela ils ne sont que malheureux, & ce malheur est souvent inévitable.

Dans l'affaire présente, Dom Joseph-Sebastien de Carvalho, premier Ministre & Favori du Roi de Portugal, fait entendre à Sa Majesté Très-Fidelle que les Jésuites ont usurpé dans les Indes une partie considérable des domaines de la Couronne ; qu'ils ont porté ses vassaux à la révolte ; qu'ils lui ont déclaré la guerre, & qu'ils la soutiennent avec une indicible opiniâtreté : il fait entendre à Sa Majesté que les Jésuites ont armé des mains parricides contre sa Personne sacrée, & que c'est là en effet l'unique source de l'exécrable attentat du 3. Septembre : il lui persuade que leurs maximes portent les Jésuites à assassiner les Rois, à tramer des conjurations, à troubler les Etats; qu'à cela tendent les différentes épreuves par où on les dispose à la Profession solemnelle ; qu'enfin les Jésuites ont essayé de flétrir la réputation de Sa Majesté par les plus atroces & les plus noires calomnies : toutes ces accusations, il les donne au Roi comme certaines & indubitables : il lui en produit des preuves qui ont un air de légitimité & de vérité : il lui met sous les yeux des livres imprimés à Rome (*par son ordre*) qui les attestent avec la plus grande certitude : il fait appuyer tout cela par gens non suspects ; personne ne dit rien de contraire à Sa Majesté, parce que le Ministre obsédant le Trône, n'en permet l'accès qu'à qui pense & parle selon ses vues : comment un Prince d'une bonté si connue, un Prince aussi éloigné de soupçonner la fraude, que d'en user jamais, pourra-t'il ne pas croire ces accusations intentées & soutenues par des hommes réputés hommes de probité ? Et s'il les croit, comment veut-on qu'il ne punisse pas ?

Que les Jésuites soient innocents, tant qu'on voudra ; si le Roi les croit coupables de forfaits aussi énormes, il aura tout le droit imaginable d'user à leur égard de toutes les rigueurs possibles. Ses résolutions seront injustes en elles-mêmes : mais pour lui il ne cessera point d'être équitable, & tout le monde le pensera de la sorte. Car enfin pourra t'on supposer que la passion l'anime contre les Jésuites, lui qui, jusqu'à ces derniers temps, les a toujours protégés, aimés, favorisés plus qu'aucune autre espece de Religieux ?

On n'en pourra pas dire autant du Ministre: sa haine ancienne & bien connue pour les Jésuites, & en général pour quiconque il imaginoit pouvoir traverser ses projets, son naturel même & son caractere, tout ici nous dispense fort de chercher des raisons pour défendre son équité. D'ailleurs lui seul a mené toute cette affaire; de sorte qu'à son égard la tromperie, la fraude ou la surprise n'ayant pu avoir lieu, ne peuvent aussi servir à justifier ses intentions. Enfin la suite des faits, dans toute la conduite de cette affaire, fait soupçonner avec fondement qu'il a bien plus été poussé par la passion, que conduit par l'esprit d'équité. Nous ne le décidons pas ainsi: nous demandons seulement qu'on en juge sans passion.

Pour qu'on puisse le faire, nous allons suivre le Ministre à la trace de ses démarches, & nous en tirerons les conséquences qui nous paroîtront mériter une attention particuliere. Le Public jugera, & se verra contraint à conclure, ou que les Jésuites ont poussé la scéleratesse au-delà de toute créance, ou qu'il faut que M. de Carvalho soit bien injuste pour les charger de tant de forfaits, dont une scéleratesse ordinaire ne seroit pas capable. Dans une disjonctive de cette espece, il est bien probable que le Public sera moins porté à en croire un seul homme du monde, qu'à se déclarer en faveur d'un Corps considérable de Religieux. Nous le prions pourtant de se tenir en garde contre ce préjugé. Que la faveur ne dicte point son jugement ; qu'il s'en tienne rigoureusement aux regles de l'équité, & à l'évidence des raisons.

En 1756, les Jésuites cultivoient dans le grand Para & dans le Maragnan les Missions qu'ils y avoient fondées, &, conformément aux Réglements de la Cour, ils les gouvernoient & pour le spirituel & pour le temporel ; quand il prit fantaisie au Ministre de Portugal de leur en ôter l'administration temporelle. Cette administration, qui les laissoit dans leur pauvreté, & qui ne leur procuroit, au lieu de richesses, que des fatigues & des travaux immenses, étoit pourtant chere aux Jésuites, soit parce qu'elle tournoit visiblement à l'avantage & à l'accroissement de cette Chrétienté, soit parce qu'elle leur avoit été confiée par les Rois mêmes de Portugal. Ce n'étoit donc pas une usurpation des Jésuites, comme on l'avance dans les Manifestes de Lisbonne. Cependant M. de Carvalho, bien convaincu qu'il feroit en cela beaucoup de peine aux Jésuites, jugea à propos de les dépouiller de cette possession si ancienne & si juste ; par où il montra bien dès lors sa mauvaise volonté & ses mauvaises intentions à leur égard. On ne parloit pourtant point encore des révoltes d'Amérique, dont les Manifestes ont fait dans la suite tant de bruit.

Dans le temps même qu'on changeoit le

Gouvernement des Peuplades Indiennes, se fit la grande transmigration de la ville du Para au Fleuve Noir, en exécution du Traité d'échange arrêté entre les deux Couronnes d'Espagne & de Portugal. Les Jésuites du Maragnan devoient naturellement avoir de la joie de ce Traité. Les intérêts de leur Roi, ceux de leur nation, les leurs propres, tout s'y trouvoit. Il ajoutoit à leur Province sept Réductions des plus florissantes. Pourquoi donc se seroient-ils mis en devoir d'en empêcher l'exécution, comme les en accusent les Manifestes? Cela n'est pas aisé à deviner. Le réel, c'est qu'ils donnerent tous leurs soins à la procurer; c'est que, là où il y avoit des Jésuites, il n'y eut pas ombre de révolte ou d'émeute. Que si, durant un voyage de six cents lieues, qu'il fallut faire tout entier en remontant le fleuve des Amazones, il déserta beaucoup de rameurs Indiens excédés de fatigues : si, à la vue du grand convoi Portugais, les Indiens disparurent de leurs Peuplades, pour s'enfoncer dans les forêts; les Manifestes ont beau dire que ce fut à l'instigation des Jésuites; ce fut parce que tout homme fuit naturellement le travail, & sur-tout un travail sans recompense. Ne diroit-on pas que les soldats parmi nous ne désertent jamais, & qu'à la vue de l'ennemi, les poltrons attendent qu'on les exhorte à fuir?

Ce fut bien autre chose au Fleuve Noir: non seulement les Indiens, mais les soldats Portugais eux-mêmes, au nombre de cent vingt-deux, après avoir enfoncé la caisse militaire & pillé les magasins, se retirerent sur les terres d'Espagne. Mais sur tout le rivage de ce fleuve il n'y avoit point de Jésuites, ces Missions étant sous la direction des Peres Carmes : & l'on sait certainement par le rapport des gens qui s'étoient trouvés présens à ces troubles, que ce qui avoit mutiné les soldats, c'est que le Commandant Général, frere de Mr. de Carvalho, non content de les traiter avec une extrême rigueur, retenoit encore leur paie; ce qui les avoit réduits à la derniere misere & au désespoir. Quoiqu'il en soit, dans toute cette contrée, encore une fois, il n'y avoit pas un seul Jésuite. On ne peut donc rendre les Jésuites responsables de ce soulevement, beaucoup moins les en faire auteurs, tout ayant été parfaitement tranquile dans les autres parties de l'Amerique Portugaise.

Celui des Indiens des sept Réductions du Paraguai fit beaucoup plus d'éclat encore. Ces infortunés, qui avoient en horreur le nom seul des Portugais, n'apprirent pas plutôt qu'ils devoient passer sous leur domination, qu'ils coururent aux armes en foule, résolus à la plus vigoureuse résistance. Selon eux, personne n'avoit droit de les contraindre à changer de maître; puisque d'eux-mêmes & de leur plein gré ils s'étoient donnés à la Couronne d'Espagne, & qu'ils se trouvoient très heureux sous son Gouvernement.

Voilà donc cette guerre, dont il a été dit dans les derniers Imprimés de Lisbonne, qu'*elle avoit rempli l'univers d'horreur &*

de scandale. Mais d'abord il ne paroît pas qu'on puisse l'appeller une révolte contre le Roi de Portugal, puisque ces Indiens étoient encore sujets du Roi d'Espagne. En tout cas, il ne se trouvoit point là de Jésuites Portugais, il n'y avoit que des Jésuites Espagnols. Si ceux-ci eurent quelque part à ce soulevement, ce qui assurément est très faux, c'étoit à la Cour de Madrid, & non à celle de Lisbonne de de les en punir. Etoit-il juste, en ce cas, de faire porter aux Jésuites Portugais la peine due aux Jésuites Espagnols?

Malgré toutes ces raisons, le Ministre de Portugal irrité au dernier point de ce soulevement, à la tête duquel il s'obstina à voir les Jésuites, & ne voulant mettre aucune différence entre Jésuites & Jésuites, quoique pourtant si différents de nation, de génie & d'intérêts, jugea à propos de décharger sa colere sur les Jésuites Portugais, les seuls en son pouvoir. Le voilà qui débute tout-à-coup par chasser de la Cour les trois Confesseurs, & par faire défense expresse à tout Jésuite d'être assez hardi pour mettre les pieds au Palais. Après ce prélude, il répand dans toute l'Europe ces fameux Manifestes, qui donnent à l'univers les Jésuites comme coupables de révolte formelle contre Sa Majesté Très Fidelle, & les accusent d'avoir ouvertement soutenu la guerre contre les armées réunies des deux Couronnes. On y avance bien d'autres choses, toutes aussi fausses. Mais ce n'est point ici le lieu de les réfuter. Il suffira de remarquer qu'on ne peut les lire, dans le tems, (eh! qui ne les lut pas?) fans s'appercevoir que le Miniftre préparoit contre les Jéfuites quelque coup d'éclat; & qu'on ne peut encore s'en fouvenir, fans fentir que dès lors l'exil de ces Peres étoit déjà arrêté. S'agiffoit-il donc alors de l'attentat du 3 Septembre? il ne fe commit qu'un an après.

Dans l'exécution, le projet de chaffer les Jéfuites ne pouvoit manquer de déplaire à la nation, qui leur fut de tout tems très-attachée, & de donner lieu à bien des raifonnemens. Le Miniftre jugea donc qu'il falloit auparavant faire décheoir ces Peres de ce haut point de réputation dont ils jouiffoient, & pour cela les placer dans un point de vue propre à leur attirer la haine & l'horreur publique. Lui feul il ne pouvoit en venir à bout; il appelle donc à fon fecours l'autorité même du Souverain Pontife: il obtient de Benoit XIV., prefque moribond, un Bref qui crée le Cardinal de Saldagna, Vifiteur & Réformateur de la Compagnie de Jesus dans toutes les Terres & Domaines de la Couronne de Portugal. Voyons quel ufage on fit de ce Bref, & quelle fut cette réforme.

Le Bref fut expédié le premier jour d'Avril 1758, & ne put parvenir à Lisbonne qu'à la fin du mois. Peu de jours après, c'eft à-dire, le 15 Mai, le Cardinal Vifiteur, fait imprimer un long & favant Décret, & cela pour déclarer que tous les Jéfuites actuellement exiftans dans les Pays foumis à la Couronne de Portugal, en Europe, en Afie, en

Afrique, en Amérique, exercent un commerce public & scandaleux. Ce Décret, on l'envoie de tous côtés, on le traduit en toutes les langues. Ainsi un Bref Apostolique, demandé pour la Réforme des Jésuites, n'eut d'autre effet que de les diffamer. Ce ne fut qu'avec la plus criante injustice, comme on le prouveroit de mille manieres: mais il suffira d'observer que, malgré les plus scrupuleuses recherches, le Cardinal Visiteur, n'a jamais pu trouver chez eux aucun de ces livres de compte, sans lesquels ne peut subsister aucun vrai négoce, ainsi que lui-même l'a avoué.

En conséquence de ce Décret, le Cardinal Patriarche, suivant les intentions & les ordres de la Cour, interdit les Jésuites du Ministere du sacré Tribunal & de la Chaire dans tout le Patriarchat, malgré toutes les Bulles Apostoliques, qui défendent expressément aux Evêques d'interdire des Communautés entieres de Réligieux. Bien plus, passant par dessus toutes les régles du droit commun, il les soumet à une peine si grave, sans leur avoir fait signifier sur quels chefs ils auroient à se défendre, bien loin de leur permettre de le faire. Et parce que le Nonce avoit choisi son Confesseur parmi eux, le Jésuite est aussi tôt chassé de Lisbonne. L'attentat du 3 Septembre n'étoit pourtant encore que dans l'avenir.

Quelques irrégulieres que fussent toutes ces démarches, elles ne laissoient pas de faire quelque impression sur les esprits du vulgaire, qui y appercevoit mêlée l'autorité de l'Eglife; & le Miniftre avançoit vers fon but. Il n'étoit pourtant pas content: quelque couleur qu'on tâchât de donner aux procédures faites à Lisbonne, on favoit bien d'où elles partoient; & la plus faine partie des Portugais confervoit encore aux Jéfuites l'eftime dont ils les avoient toujours honorés. Que fait donc le Miniftre ? il gagne un effain d'Abbés endettés & de Moines ambitieux, qui depuis peu animés, à ce qu'il paroit, de l'efprit Janfénifte, s'étoient ligués à Rome contre les Jéfuites, & avoient fait beaucoup d'efforts inutiles pour en décréditer la morale. Il n'oublie ni bienfaits ni promeffes, pour les engager à entrer dans fes vues, & à le feconder dans fon deffein de diffamer la Compagnie. C'étoit les inviter à une partie de plaifir. Ces gens là n'avoient eu jufqu'ici rien de commun avec le Portugal; les voilà pourtant tout-à-coup Portugais envers & contre tous.

Mais ont-ils bien fervi la haine du Miniftre ? la prodigieufe quantité de livres imprimés à Rome en fait foi. Dans ces libelles on a rebattu mille fois, on a furpaffé même tout ce que la rage des Héretiques leur avoit dicté contre la Compagnie. On affecte d'y toucher les points les plus délicats & les plus capables d'alarmer & Princes & Sujets, & de leur donner de l'ombrage contre elle. Pour appuyer toutes ces calomnies, partoient de Rome chaque ordinaire mille fauffes nouvelles pour tourner & prévenir les efprits contre les Jéfuites. En un mot, les chofes allerent au point que le Souverain Pontife Clement XIII. crut en devoir démentir les Auteurs tous à la fois, & écrivit à son Nonce en Espagne, que c'étoit là l'ouvrage du libertinage & de l'envie, pour décréditer un Corps si utile à l'Eglise. Ils furent aussi démentis de la maniere la plus solemnelle par le Conseil souverain de Castille & par le Tribunal de l'Inquisition d'Espagne : le premier fit brûler par les mains de l'Exécuteur ce tas de libelles; & le second défendit de les lire ou de les garder, sous peine d'excommunication.

Arrive enfin la funeste nuit du 3 Septembre, que quelques scélerats avoient choisie pour attenter à la Personne sacrée de Sa Majesté Très-Fidelle. Le crime étoit des plus atroces; mais rien ne pouvoit être plus à propos pour l'ancien projet du Ministre. Il trouvoit là le prétexte le plus spécieux pour perdre les Jésuites. Mais qu'on remarque bien dans quelles formes il proceda contre eux.

Le 11 Janvier au soir, tandis qu'on disposoit déjà les infames assassins au dernier supplice, qu'ils subirent en effet le lendemain, on saisit & on traîne en prison dix Jésuites des plus respectables qui fussent à Lisbonne par leur âge, leurs emplois & leur vertu; & le jour suivant 12, on rend public le procès, dont un article porte, qu'il est très-certain & bien prouvé, que les Jésuites sont complices du parricide, & qu'ils sont même les principaux chefs de la conjuration. Ce Procès imprimé est envoyé dans toutes les Cours. Qui croiroit qu'alors

lors on n'avoit pourtant point encore fait prêter l'interrogatoire à aucun Jésuite, bien loin d'avoir fait les confrontations requises avec les vrais coupables? qui croiroit que ceux-ci n'avoient pas dit un mot qui pût aller à charger les Jésuites? C'est pourtant ce qu'on avoue dans les imprimés suivans: puisqu'on y attribue le silence obstiné des criminels aux fausses décisions des Jésuites, qui leur avoient appris, dit-on, qu'un criminel n'est point obligé à révéler son complice.

Ainsi un crime, qui ne fut qu'un crime de pures paroles, tel qu'on suppose celui des Jésuites, un crime que pouvoit prouver seule la déposition de ceux qui les eussent entendues, on nous le donne ici comme parfaitement prouvé: quoique ceux qui seuls eussent pu les entendre, n'en aient pas dit le moindre mot. Quiconque réfléchira à tout cela, pensera nécessairement qu'à Lisbonne la Justice à l'égard des Jésuites est toute différente de celle du reste de l'univers.

En effet, pour peu qu'on examine ce procès, on dira sans doute avec le plus grand étonnement : Quoi donc! on veut ici établir un sentiment tout-à-fait inoui; savoir, que, dans cette espece de délit, si les preuves viennent à manquer, les simples présomptions peuvent & doivent en tenir lieu, à moins que l'accusé ne vienne à bout de prouver le vrai coupable ? Ensuite cette maxime si notoirement fausse, on l'applique encore plus mal; parce qu'on n'allegue contre

B

les Jéfuites que les préfomptions les plus vagues, & dès-là les plus vaines, qui, ou ne prouvent rien, ou prouvent leur innocence. Ainfi en ont jugé tous ceux qui les ont examinées. On doit pourtant bien penfer que celui qui a rédigé les piéces, n'a rien oublié de ce qu'il croyoit pouvoir être tourné en preuve, bonne ou mauvaife, contre les Jéfuites.

Après environ un mois de travail & d'application, vient un autre procès en fupplément du premier. Mais c'eft bien ici que le Public ne put diffimuler fa furprife. Il attendoit les preuves les plus claires & les plus preffantes ; & voilà qu'on lui préfente une efpece de differtation dans le ton de l'Ecole contre la morale, contre les maximes, contre le gouvernement prétendu myfterieux & fecret des Jéfuites. Là il trouve que, de certaines décifions d'un de leurs Cafuiftes, imprimées un fiecle auparavant, on veut conclure que les Jéfuites ont trempé dans l'attentat du 3 Septembre, & qu'ils en ont même été les principaux auteurs. Ce fecond procès ne parut pas plutôt, que tout le monde fentit qu'il falloit bien qu'on manquât de bonnes raifons, pour en apporter de fi peu concluantes & fi éloignées du fond de la caufe.

Mais quelque foibles, ou plutôt quelque nulles qu'elles fuffent, quant au fait à prouver, elles n'étoient que trop propres au deffein du Miniftre. Il fe propofoit de chaffer les Jéfuites ; il falloit donc faire paroître coupables, non deux ou trois Jéfuites, mais tous les Jésuites sans exception. Il falloit prouver qu'il suffit d'être Jésuite, pour être criminel. Tout cela ne pouvoit s'exécuter qu'en prouvant, tant bien que mal, que la morale des Jésuites est pernicieuse, que leurs maximes les portent à la sédition, leur gouvernement secret aux trahisons, aux conjurations; qu'enfin toute la Compagnie est un Corps infect & corrompu, ainsi qu'a prétendu le prouver l'Abbé Couet, fameux Janséniste. On ne sauroit en disconvenir, la chose étoit bien pensée. Il y a à parier que Rome fut le sol de cette admirable production. Mais, malgré tant de belles choses, si l'on n'a point de meilleures preuves à donner, le Pere Malagrida est innocent.

On publie enfin l'Edit du bannissement des Jésuites. Combien de choses n'offre-t'il pas, bien dignes d'observation! D'abord, quel étonnement qu'un Ministre si jaloux de la gloire & de l'honneur de son Maître, avant de faire signer cet Edit au Roi, n'en ait pas mieux pesé la teneur!

On y décide nettement que les Jésuites de Rome sont encore plus coupables que les Jésuites de Portugal: *Ils ont enchéri sur les crimes exécrables des Jésuites Portugais.* Mais en quoi encore & comment? *En répandant mille impostures, mille calomnies contre la haute réputation de Sa Majesté Très-Fidelle.* Supposons pour un instant que la chose soit ainsi; se trouvera-t'il quelqu'un, pour cela, qui veuille bien se laisser persuader que mal parler d'un Prince, soit un plus grand crime que de se révolter formellement contre lui, que d'attenter à sa personne, que de lui tirer dessus ? D'ailleurs, ces impostures, ces calomnies avancées à Rome par les Jésuites, comment les a-t-on vérifiées à Lisbonne ? quelles en ont été les preuves ? quelle certitude en a-t-on eu ? C'est que Dom Almada, Ambassadeur de Portugal, l'a écrit de Rome. Voilà toute la preuve : Dom Almada a écrit à M. de Carvalho, son parent ; la preuve est convaincante : car sans doute que ce Dom Almada est un homme d'un talent rare, d'une sagesse encore plus rare, & d'une probité sans égale. On n'ignore pourtant point que Dom Almada est furieux contre les Jésuites, que Dom Almada ne hante que les ennemis des Jésuites, que Dom Almada ne goûte de discours que ceux qui déchirent les Jésuites. Le rapport de Dom Almada ne devoit donc être ici d'aucun poids.

Dira t'on que non seulement il l'a écrit, mais qu'il en a encore envoyé à Lisbonne des preuves authentiques, qu'il a même envoyé le corps de délit, en y faisant passer certaines brochures, certains écrits, qu'on avoit donnés à Rome sous le titre de Défense des Jésuites ? Mais, outre qu'on n'y trouve pas le plus petit mot qui touche de près ou de loin à l'honneur de Sa Majesté Très-Fidelle, comment prouveroit-on que les Jésuites en sont les Auteurs ? Les Jésuites après tout n'ont-ils plus aujourd'hui d'amis, dont l'attachement les intéresse pour eux, & les engage à prendre la plume pour leur défense ? Je dis plus : comment prouveroit-on que ce n'eſt pas là l'ouvrage de quelque ennemi rufé des Jéſuites, qui, par cette voie fourde, a voulu les rendre toujours plus odieux à la Cour de Portugal? comme ſi nous n'avions pas d'autres exemples tout récents de ces eſpeces de coups fourrés. Il eſt donc toujours vrai qu'à Lisbonne on ne s'aſſure ni du crime ni de ſon auteur, avant d'en aſſurer le Public.

Remarquons-le en paſſant : quelle ne doit pas être l'innocence des Jéſuites de Portugal? On avoue qu'ils ſont moins coupables que les Jéſuites de Rome, qui pourtant dans le fort de ce furieux incendie n'ont rien perdu de leur tranquillité, qui à tant de fanglantes fatyres n'ont pas fait la moindre réponſe, qui ne ſe départant point de cette modeſtie ſi convenable à leur Profeſſion, ont ſu ſouffrir & ſe taire, comme tout Rome peut en rendre témoignage. Si après cela dans Rome on a parlé de la Juſtice de Lisbonne d'une maniere défavantageuſe; ſi dans les cercles on y a blâmé ſon Gouvernement, ainſi que l'aſſure l'Auteur de l'Appendice ; ſi outre cela la plus grande partie de la Prélature & de la Nobleſſe Romaine, fur tout dans les maiſons des Princes, s'eſt déclarée en faveur des Jéſuites, comme s'en plaint amérement le même Auteur ; en fera-t'on un crime aux Jéſuites ? Ce feroit aſſurément bien outrer le prétendu crédit des Jéſuites, ſi l'on vouloit faire croire que par leurs diſcours ils fuſſent venu à bout, dans une ſi grande ville & dans une nation ſi éclairée, de tourner tous les eſprits contre la Cour de Portugal, si les irrégularités des procédures du Ministre n'eussent été bien frappantes. Quoi donc! étoit-il besoin que les Jésuites les fissent appercevoir? A Rome étoit il quelqu'un qui ne pût les compter? Et dès-là un peuple si généreux & si équitable pouvoit-il s'empêcher de se déclarer hautement en faveur de l'innocence opprimée?

Fût il arrivé que parmi les Jésuites de Rome, qui sont au-delà de quatre cents, quelqu'un se fût échappé à quelque parole un peu moins mesurée sur le compte du Ministre de Portugal: en vérité la faute eût été pardonnable. Ce qu'on peut assurer, c'est qu'aucun d'entr'eux n'y est tombé à l'égard du Roi, pour la Personne de qui tous ont & auront certainement toujours un respect infini. Supposé qu'ils eussent voulu publier quelque justification, ils auroient apparemment donné quelque chose d'un peu meilleur que toutes ces misérables brochures & ces ténébreux écrits. Tout au plus les Jésuites auront pu dire du Roi ce qu'on en dit communément, savoir, que le Roi a été mal informé, qu'il a même été trompé. N'est-ce pas là un malheur commun à tous les Princes? Et s'ils viennent à être induits en erreur, n'est ce pas pour eux la meilleure excuse?

M. de Carvalho voudroit peut être qu'on usât envers lui de la même réserve. Il paroît même exiger qu'on ne mette aucune distinction entre sa personne & la Personne sacrée de Sa Majesté. Tout discours contre *le très-heureux & très glorieux Gouvernement*, c'est-à-dire contre lui, doit, si on l'en croit, être regardé comme une injure faite au Roi, & doit être puni comme un crime de lése-Majesté. Mais en vérité, voilà une prétention bien étonnante, pour ne pas dire ridicule. Il y aura toujours, & on la verra bien, une grande différence entre le Roi & son Ministre. Toutes les bouches s'accorderont toujours à donner à Dom Joseph Ier. Roi de Portugal les louanges qui lui sont dues, pour son naturel toujours porté à la douceur, pour sa clémence inépuisable, & pour la droiture de ses intentions ; au lieu que nous ne savons gueres comment les siecles suivants pourront parler de Dom Joseph Sebastien de Carvalho, son Ministre. Mais revenons à l'Edit.

On y apprend à tout l'univers que *les Jésuites sont corrompus d'une maniere déplorable, quant au Corps qui constitue le gouvernement de la Compagnie, & même quant aux loix par lesquelles elle se gouverne ; bien différents en cela de tous les autres Ordres Religieux, qui se sont toujours maintenus dans une louable & édifiante régularité.* Ici on demandera sans doute & on sera très empressé de savoir comment le Ministre de Portugal a pu porter ce jugement sur tout le Corps de la Compagnie, & sur tous les autres Corps Religieux. Après quoi l'on conclura sans balancer que M. de Carvalho avance bien des choses qu'il ne sait point, & qu'il ne peut même savoir : & qu'en les mettant dans la bouche de son Roi, il lui fait bien plus de tort que n'auroient pu lui en faire tous les Jésuites de Rome.

Dans un article, le Ministre fait dire au Roi que *parmi les Jésuites il est vraisemblable qu'il peut s'en trouver quelques-uns qui ne soient pas coupables, par la raison que, n'ayant point passé par les épreuves nécessaires, on ne les a pas encore trouvés capables d'entrer dans la confidence des horribles secrets de ces abominables conjurations & des crimes les plus infames.* Il suppose donc que passer par les épreuves usitées dans la Compagnie, pour être admis à la Profession des quatre vœux, est la même chose que se former aux trahisons, aux conjurations ; & qu'être ensuite admis à cette Profession, c'est être initié aux plus grands crimes. Mais, au jugement de qui que ce soit, n'est ce pas en trop dire ; & une telle assertion ne frise-t'elle pas l'impiété ?

Dans un autre endroit, on fait dire au Roi que *les Jésuites ont usurpé une grande partie du Brésil, & y ont fait des progrès si rapides, que si on leur en eût donné le temps, dans dix ans & même moins, ils l'auroient rendu inaccessible, & se seroient mis en état d'y résister aux forces réunies de toute l'Europe.* Mais qui ne voit en ceci une exagération poussée jusqu'à l'incroyable ? Quoi ! dans dix ans & même moins, toutes les forces de l'Europe n'auroient pu chasser de ce pays les Jésuites ; & cette année le Roi de Portugal ayant jugé à propos de les en chasser, n'a pas même eu besoin pour cela de la petite & misérable troupe qui se trouvoit sur les lieux; il ne lui en a coûté qu'un signe de sa volonté, & les Jésuites n'ont pas fait la moindre résistance.

On dit de plus (toujours par la bouche du Roi) que les Jésuites ont de tout temps été favorisés, comblés de bienfaits, distingués *au-dessus de tous les autres Ordres Religieux*, non seulement par le Roi actuellement regnant, mais encore par ses Augustes Prédécesseurs, jusqu'à les vouloir toujours auprès du Trône. Rien de plus vrai; aussi les Jésuites en conserveront-ils éternellement les plus vifs sentiments de la plus juste reconnoissance. Ensuite, un peu plus bas, on fait ajouter au Roi que *les malheureuses expériences de près de deux siecles ont fourni une démonstration de la derniere évidence que la conservation & la paix de l'Etat ne peuvent subsister, si l'on y souffre les Jésuites.* Pourra t'on ne pas voir ici une contradiction palpable, & sera-t-il aisé de concilier ces deux textes? Comment a-t'il pu arriver que, malgré des expériences si démonstratives & si évidentes, les Augustes Prédécesseurs du Roi de Portugal & Sa Majesté elle-même aient néanmoins, je ne dis pas souffert, mais flatté, mais distingué, mais placé à l'ombre du Trône des gens si pervers? Le comprenne qui pourra. Passons au dispositif de l'Edit.

Tous les Jésuites actuellement existans dans les Pays soumis à la Couronne de Portugal dans les quatre parties du monde sont par cet Edit déclarés *traîtres, rebelles, aggresseurs du Roi, ennemis de S. M. & de* l'*Etat*; & comme tels, on les chasse de leur Patrie, on les bannit, on les proscrit. Bien plus, par une rigueur inouïe & sans exemple, défense est faite à tout Portugais, sous peine de mort irrémissible, d'avoir, sans une commission spéciale de S. M. aucun commerce de vive voix ou par lettres avec aucun de ces bannis, dans quelque Pays qu'il puisse se trouver. Seulement, par une clémence rare & à titre de pure compassion, on veut bien permettre en particulier aux Jésuites non-Profès, qui pourroient se trouver innocens, comme n'ayant point trempé dans les secretes & criminelles menées de leurs Supérieurs, on leur permet, dis-je, de demeurer dans les Etats de S. M. T. F. à condition toutefois qu'ils obtiendront incessamment du Cardinal Visiteur la dispense de leurs vœux de Réligion. Nous parlerons plus bas de cette rare clémence.

En exécution de ce terrible Edit, tous les Jésuites Profès, & même les Freres Lais, à qui apparemment la Compagnie ne cache point les importans secrets des conjurations, sont en effet chassés de tout le Portugal. Et pour qu'il ne soit pas dit qu'on y fasse rien en régle par rapport aux Jésuites, on ne se contente pas de les exiler, en leur fixant simplement, comme on fait ailleurs, un tems, au delà duquel leur séjour ne pourra s'étendre ; mais, de leurs maisons, par le plus court chemin, on les conduit droit au vaisseau, & on les jette par centaines sur les côtes d'Italie, où l'on prétend les confiner : comme si la Cour de Portugal avoit quelque droit de commander dans les autres États.

Inftruit d'une rigueur fi outrée contre un Corps Réligieux, toujours fi cher à l'illuftre Nation Portugaife, & fi aimé de fes Rois, réfléchiffant enfuite fur les différentes raifons qu'on en apporte, le Public y donnera-t'il fon approbation ? Il ne paroit pas qu'on doive s'y attendre. Il ne manquera pas de dire : Si les Jéfuites ont réellement concouru à l'attentat du 3 Septembre, pourquoi n'en donne t'on pas des preuves qui aillent à la conviction ? Pourquoi le Miniftre de Portugal ne fuit-il pas l'exemple du Parlement de Paris, qui jugea très-convenable d'inftruire le Public, dans le plus grand détail, de tous ceux qu'avoit chargé l'infame Damiens ; quoiqu'il fut d'une très-vile & abjecte condition, & que fon crime fut très-conftant ? Pourquoi, au lieu d'éclaircir la vérité, ce Miniftre femble-t'il vouloir l'obfcurcir toujours davantage ?

Que deux ou trois Jéfuites y euffent véritablement eu part, feroit-ce donc une raifon fuffifante pour les exterminer tous ? Si l'on vouloit abfolument les punir tous, parce qu'ils font de la même efpéce que les deux ou trois fuppofés coupables ; pour agir conféquemment, on devoit donc s'en prendre à toute l'efpece humaine, puifque enfin les véritables coupables étoient des hommes. Pourquoi du moins ne chaffoit-on pas du Portugal tous les Portugais, tous les citoyens de Lisbonne, tous ceux qui compofent à Lisbonne le Corps de la Noblesse ? n'est ce pas de cette Nation, de cette Ville, de ce Corps, que sont sortis les assassins ? Quoiqu'on puisse dire, ce sera toujours l'injustice du monde la plus criante de punir quantité d'innocens à l'occasion de quelques coupables, quoique les uns & les autres forment un même Corps moral. Jamais Nation un peu cultivée ne donna pareil exemple de barbarie. Lorsque le trop fameux Frere Jacques Clément, de l'Ordre célebre de St. Dominique, ôta la vie à Henri III. Roi de France, (unique exemple d'un Réligieux assassin d'un Roi) le parricide, non-seulement prouvé, mais pris sur le fait, fut à l'instant mis en piéces; après quoi son seul Prieur fut exécuté, & on ne s'avisa pas de traiter en coupables tous les Jacobins.

Au défaut d'autres preuves contre les Jésuites, on veut en tirer de leur doctrine, de leurs maximes, de leur Gouvernement. Mais ces maux étant aussi invéterés que l'assure l'Edit, & aussi anciens que la Compagnie même; comment de tant de Rois, de tant de Ministres, personne ne s'en est il apperçu avant Mr. de Carvalho ? Comment Sa Majesté Très Fidelle, ce Prince d'un discernement si connu, ne s'en est-il pas apperçu lui-même, & a-t'il continué, depuis son enfance jusqu'à ces derniers tems, à se confesser à un Jésuite ? Il y a plus: si ces maux ont infecté tous les Jésuites, au point qu'on puisse assurer, comme on fait ici, que *tout le Corps est corrompu d'une maniere déplorable*; d'où vient que cependant les Souverains Pontifes, depuis Paul III. qui approuva la Compagnie, jusqu'à Clement XIII. qui regne aujourd'hui, tous sans exception en ont fait les plus grands éloges, jusqu'à lui donner le glorieux titre de *Corps très-utile à l'Eglise*; ce qui est bien opposé à ce qu'en dit l'Auteur de l'appendice ? Il seroit bien aisé pourtant de le lui démontrer, en parcourant les tems, depuis la naissance de cette Compagnie, si nous pensions qu'un Auteur qui n'écrit que des injures grossieres méritât une reponse.

Si cette contagion est si ancienne, si elle a gagné tous les Membres; comment tant de Princes si clairvoyans, comment tant d'Evêques, dont le zele égaloit la sagesse, n'en ont-ils rien soupçonné ? comment les souffrent-ils dans leurs Etats, dans leurs Dioceses ? comment les emploient-ils au gouvernement des ames & de la leur propre ; & comment disent-ils qu'ils s'en acquittent à leur satisfaction ? Qu'on exagere tant qu'on voudra la prétendue politique des Jésuites; aucun artifice humain ne sauroit atteindre à tromper tout le monde, encore moins à le tromper si long tems.

On prétend que la morale des Jésuites est une morale relâchée. Mais, outre que parmi eux les sentimens ne sont pas uniformes, & qu'il est fort libre à chacun d'embrasser celui qu'il croit sûr & vrai ; comment prouve-t'on ce qu'on avance ? Y auroit-il de l'équité d'apporter en preuve ce qu'en ont écrit les Janséniftes, ou quelque Auteur tel que Concina ? Tant que le St. Siége, à qui il appartient d'en connoître, saura quelle est la doctrine des Jésuites, tant qu'il la permettra, tant que les faits montreront qu'il l'approuve; seroit-il juste d'en croire les derniers libelles de Rome? Est-il quelqu'un assez simple ou assez peu équitable pour condamner les Jésuites sur ce qu'on lit dans ces misérables écrits, si décriés, que l'envie a enfantés, & dont la médisance ou plûtôt la calomnie & les injures fournissent tout le fond? Tant que l'Eglise ne prononce point, personne n'a droit de censurer une doctrine soutenue par des Docteurs Catholiques; & quiconque la censure, s'arroge une autorité qu'il ne sauroit avoir. Nous le dirons en passant, n'est-il pas bien étonnant que les Jésuites conduisent les ames, comme on veut le persuader, par la voie large d'une morale accommodante; & que ceux qu'ils conduisent suivent néanmoins la voie la plus étroite, aient les mœurs les plus pures, menent la vie la plus édifiante, & servent pour l'ordinaire de modele dans leur condition?

On veut encore que les maximes des Jésuites soient pernicieuses aux Princes & à leurs Etats. Mais pourquoi extraire ce qu'on donne pour leurs maximes d'un ancien Casuiste, & non pas plûtôt de Bourdaloue, de Croiset, de Rodriguez, de Louis Dupont, de Persons, de Segneri, & de semblables Ecrivains de la Compagnie, qui dans leurs ouvrages ont montré la voie de la plus parfaite vertu chrétienne? Si, avant la condamnation de quelque erreur en fait de morale, cet ancien Casuiste ou quelque autre

Ecrivain Jéfuite y eſt tombé, voudra t'on conclure que cette erreur a tout-à-coup paſſé en maxime commune à tous les Jéſuites? Des Auteurs, & même pluſieurs Auteurs des autres Ordres ne ſont-ils pas tombés dans des erreurs pareilles, & dans de plus conſiderables encore, ſans que pour cela on en ait attribué le malheur, la honte ou le crime à chaque Membre de ces Ordres?

Pour ce qui regarde le Gouvernement ſecret de la Compagnie, quelle n'eſt pas la ſurpriſe quand on voit un grand Miniſtre, en qui tout le monde s'accorde à reconnoître un diſcernement exquis, être aſſez ſimple pour donner dans une fable puerile de cette eſpéce, & pour en faire comme la baſe d'un Edit qui devoit faire & qui a fait tant d'éclat! Elle fut l'ouvrage de quelque tête échauffée dès la naiſſance de la Compagnie; dès-lors auſſi elle fut pour les ſages un objet de dériſion, & jamais ne trouva de créance que chez les ſots. Quoiqu'il en ſoit, perſonne n'eſt plus à portée de s'éclaircir ſur ce point que Mr. de Carvalho. Les Archives de tous les Jéſuites de Portugal ſont entre ſes mains. Qu'il liſe donc à loiſir toutes les lettres de leurs Generaux, qu'il les parcoure; qu'il les faſſe imprimer telles qu'elles ſont, à commencer par celles de St. Ignace, pour finir par celles du Pere Rici. Alors on pourra s'aſſurer ſi dans le Gouvernement prétendu ſecret des Jéſuites, il y a quelque choſe de plus que ce qu'ont approuvé les Souverains Pontifes par leurs Conſtitutions. Mais non, Mr. de Carvalho ho ne fera pas cette grace aux Jéfuites. Il y ira bien plutôt déterrer quelque chofe qui tourne s'il fe peut à leur déshonneur. Il pourra fans doute y voir les fautes de quelques Particuliers, puifque pour être jéfuite on ne ceffe pas d'être homme. Mais auffi, comme on écrit tout parmi eux, il y trouvera que, quand elles font prouvées, les fautes ne demeurent pas impunies. Il y apprendra que la Compagnie s'eft purgée de beaucoup de Sujets, pour des défauts qu'on auroit peut-être tolérés dans quelques autres Communautés.

C'eft ainfi que raifonne dans le Public quiconque fait un peu raifonner; & l'on conclut que dans fes différens chefs d'ac-cufation, M. de Carvalho a tout outré. Mais précifément, pour avoir voulu prouver trop, il n'a prouvé autre chofe qu'une dé-termination bien arrêtée dans fa volonté de chaffer à tout prix les Jéfuites, & de s'emparer de leurs biens. Sa conduite rap-pelle à tout le monde la fable du loup, qui dit d'abord : il faut que je dévore cet agneau ; & qui chercha enfuite des prétextes pour le dévorer.

M. de Carvalho s'eft mis dans l'efprit de perfuader l'univers que la Compagnie de Jesus eft un Ordre entiérement tombé, & le pire de tous les Ordres : mais il ne pa-roît pas qu'on foit fort difpofé à l'en croire fur fa parole ; & on ne l'en croira point en effet, tant qu'on ne verra point parmi les Jéfuites certains défordres qu'on ne laiffe pas de remarquer quelquefois dans

certaines

certaines de ces Communautés *qui se sont toujours maintenues dans une louable & édifiante régularité.* Il veut donner à penser que les Jésuites sont gens inutiles & même pernicieux au Public: mais il n'est pas jusqu'au vulgaire le plus grossier, qui, voyant le fruit de leurs travaux continuels pour le bien du prochain, ne dise précisément le contraire. Sur toutes choses, il s'est proposé de mettre les Princes en défiance des Jésuites, comme de gens qui ne roulent dans leur tête que trahisons, que séditions & conjurations : mais les Princes savent bien qu'ils n'ont & n'eurent jamais de Sujets plus soumis & plus fideles.

Cette fidélité ne peut manquer d'être surtout bien connue aux Rois de Portugal ; puisqu'à l'occasion des travaux des Jésuites dans le nouveau monde cultivé par leurs soins, arrosé de leurs sueurs & de leur sang, ces Monarques se sont fait un nombre innombrable de Sujets parmi ces Peuples, qui jusques-là dispersés dans les forêts, ne connoissoient point de maître ; & par-là ils ont étendu leurs conquêtes & le commerce de leurs anciens Sujets dans l'Afrique & dans l'Asie. Quelle merveille après cela, que ces Princes ayent favorisé & distingué la Compagnie au dessus des autres Ordres ? En un mot, à force d'en trop dire pour décréditer les Jésuites, M. de Carvalho n'y a pas réussi ; & montrant sa passion trop à découvert, il laisse à douter avec raison de la justice des procédures faites contre eux par son ordre & selon ses vûes.

C

En effet, tout appuyées qu'elles sont des libelles de Rome, on ne s'apperçoit pas que ces procédures aient fait quelque impression désavantageuse aux Jésuites sur la plus considérable & la plus saine partie du Public ; à moins qu'on ne veuille entendre par-là une troupe de Fanatiques qui ne raisonnent pas, ou certains Religieux en très-petit nombre, qui depuis très-long-temps nourrissent contre les Jésuites une haine envenimée, dont ils seroient bien en peine de donner quelque raison plausible. Ce qu'il y a de certain, par exemple, c'est que les Manifestes de Lisbonne, dont on a pris soin d'inonder l'Europe, & qui peignent de couleurs si noires les Missions des Jésuites, n'ont point empêché la Reine d'Espagne, (sœur pourtant du Roi de Portugal) de léguer à ces Peres, pour leurs Missions d'Orient, cent mille pistoles ; marque non équivoque que cette Princesse si sage ne croyoit pas un mot du contenu de ces Manifestes. Ce n'est pas tout : tandis que la tempête éclattoit avec le plus de fureur, plus de cent quatre-vingt Evêques des plus considérables de France, d'Espagne, d'Italie & d'Allemagne, y compris les trois Sérénissimes Electeurs du St. Empire, écrivirent au Souverain Pontife les lettres les plus pressantes, pour l'engager à défendre & à soutenir contre les efforts de l'Enfer, la Compagnie de JESUS, Ordre, disent-ils, très-utile à l'Eglise, non-seulement parce qu'il a fait jusqu'à présent, mais le plus utile de tous même aujourd'hui par tout ce qu'il fait encore. Le recueil de ces cent quatre-vingt lettres ne pourra-t'il point contraster avantageusement avec les Réflexions, avec l'Appendice, avec toute la fadeur des libelles de Rome?

Mais ces lettres, diront les ennemis des Jésuites, on se les est procurées. Eh bien, je le veux, quoique cela soit très-faux de la plupart. Croira-t'on, qu'à la priere des Jésuites, tant d'illustres Prélats, dans leurs lettres au Chef visible de l'Eglise, eussent pu parler ainsi de la Compagnie, s'ils eussent pensé que c'est un Corps infect, ou que les libelles de Rome, & les procédures de Portugal, leur eussent laissé quelque fâcheuse impression? Assurément ces lettres sont bien d'une autre force que quelques lettres pastorales arrachées par violence à quelques Evêques Portugais. L'un d'entr'eux, avant de publier la sienne, avoit écrit la lettre la plus favorable à la Compagnie, témoignant sa douleur de voir en butte à la persécution la plus injuste, disoit-il, les hommes les plus innocens, & les meilleurs Religieux de tout ce Royaume. Nous pouvons nommer ici librement cet illustre Prélat; la mort l'a mis à couvert de la vengeance du Ministre: c'est l'Archevêque d'Evora. Tant il est vrai qu'à Lisbonne c'est aujourd'hui la terreur & la violence qui reglent les démarches & les sentimens, jusqu'à contraindre les Ministres mêmes du Sanctuaire à parler tout autrement qu'ils ne pensent! Voyons maintenant ce que c'est que cette rare clémence dont on veut que les Jésuites non-Profès profitent malgré eux.

Le Ministre, après avoir minuté son Edit, s'apperçut de l'inconvénient qu'il y auroit à exiler du Royaume les jeunes Jésuites. C'eût été le priver d'un nombre considérable de Sujets choisis, qui ne manquoient pas de talents. Pour obvier à ce mal de la meilleure maniere possible, il supposa que le Cardinal Visiteur avoit les pouvoirs nécessaires pour la dissolution de leurs vœux. Il imagina cette différence entre les Jésuites Profès & les non-Profès, que les premiers déja admis aux secrets des conjurations, étoient tous coupables de l'attentat du 3 Septembre; au lieu que les seconds étoient dignes de compassion, *parce qu'ils avoient peut-être ignoré les menées de leurs Supérieurs*, n'ayant pas encore fait la Profession solemnelle. Pour ces raisons, dit-il, la grande clémence du Roi permet aux Particuliers de cette seconde classe, qui par hazard seroient reconnus innocents, de demeurer dans ses Etats, à condition toutefois qu'ils obtiendront du Cardinal Visiteur la démission de leurs vœux. M. de Carvalho se flatta bien d'avoir trouvé là un expédient admirable pour se délivrer de tous les Jésuites, & en conserver pourtant en habit séculier une bonne partie, à qui il se persuadoit faussement que le Cardinal pouvoit donner cette dispense. Sans doute, se disoit-il à lui-même, ces jeunes Jésuites iront en foule la demander au Visiteur, pour éviter l'exil.

Mais M. de Carvalho ne s'est-il point

trompé ? M. de Carvalho croit-il même bien sérieuse cette prétendue différence de Jésuites à Jésuites ? Les faits répondront à cette question. On sait que même les Profès sont dispensés de l'exil, pourvu qu'ils consentent à passer dans un autre Ordre, comme l'a fait quelqu'un d'entre eux. On sait que les jeunes Jésuites ne faisant point la démarche qu'on avoit espérée, de demander au Cardinal la démission de leurs vœux, le Ministere a fait les avances & la leur a offerte ; qu'on n'a point cherché à démeler parmi eux ceux qui par hazard pourroient se trouver innocents, mais qu'on l'a offerte à tous indifféremment. On sait que, pour surmonter leur répugnance infinie à quitter l'habit de la Compagnie, on a employé des voies de persuasion tout-à-fait extraordinaires, jusqu'à en venir aux menaces & à la violence, pour leur faire accepter en dépit d'eux la clémence qu'on leur offroit. Arrive-t'il que quelqu'un se laisse vaincre, & quitte en effet l'odieux habit de Jésuite ? eh bien, quoique Membre d'un Corps infect, sans autre formalité, le voilà reconnu pour un très-bon Sujet du Roi, pour un excellent citoyen : ses maximes n'ont plus rien de pernicieux, sa doctrine plus rien de condamnable ; en un instant c'est un autre homme.

Il faudroit s'aveugler, pour ne pas voir qu'on fait la guerre, non aux personnes, non aux vices, non aux erreurs des Jésuites, mais à leur robe & à leurs biens. Nous sommes très-convaincus qu'on retiendroit en Portugal les Profès mêmes, & qu'on ne les y regarderoit plus comme criminels, si on pouvoit les y retenir sous un autre habit. Mais l'autorité du Cardinal Visiteur ne s'étend pas jusques-là. Il l'a même étendue bien au delà de ses justes bornes ; & jamais ceux qui n'ont de démission que de sa façon ne sauroient être en sûreté de conscience. Toutes ces irrégularités ne frappent plus à Lisbonne, n'arrêtent même plus.

On vient nous dire, après tout cela, que le Ministre de Lisbonne sollicite auprès de Sa Sainteté un Bref, en vertu duquel il lui soit permis de procéder contre les Ecclésiastiques soupçonnés d'avoir été complices de l'attentat du 3. Septembre. Il le demande, assure-t'il, non qu'il croie en avoir besoin, mais par une certaine délicatesse sur l'article des Immunités de l'Eglise, & pour marquer à Sa Sainteté une surabondance de respect. Cette délicatesse paroît bien singuliere à qui se souvient que rien n'arrêta M. de Carvalho, quand il fit saisir & quand il dépouilla de leurs biens quantité de Jésuites, par la seule raison qu'ils étoient Religieux de la Compagnie de JESUS ; ce qui pourtant n'est pas assurément un crime, beaucoup moins un crime privilégié. On suspectera bien plus encore sa surabondance de respect envers Sa Sainteté, si on se rappelle la façon dont il s'est comporté à son égard. Faire attendre huit mois entiers une réponse à la lettre par laquelle le Pape donnoit part de son exaltation, & par-là laisser douter si la Cour de Portugal voudroit le reconnoître pour le légitime succeffeur de S. Pierre ; cela ne s'accorde gueres avec cette furabondance de refpect. Conferver obftinément à Rome un Ambaffadeur que cette Cour n'agréoit point ; faire imprimer à Rome même nombre de livres fans les permiffions requifes, & fans égard aux défenfes qu'on en avoit publiées ; arrêter les Courriers du Pape, vifiter & lire les paquets du Nonce ; renvoyer les Brefs qu'on ne trouvoit point affez favorables ; débarquer à Civita-Vecchia les exilés par centaines, fans avoir auparavant daigné en faire donner le moindre avis à Sa Sainteté, au moins comme au Souverain temporel du pays ; font-ce donc là des marques de ce refpect exceffif? Sous le voile facré des Immunités & de la furabondance de refpect, on cache donc quelque autre deffein.

La demande du Bref fe fait au nom de Sa Majefté Très Fidelle. Aman lui même, ayant réfolu la perte des Hébreux, fe fervit auffi du nom & du fceau d'Affuerus. On fait que les intentions de Sa Majefté font très bonnes ; mais fait-on fi celles de fon Miniftre le font de même ? Sa Majefté demanda auffi le premier Bref, dans la très-louable vue de procurer une réforme, qu'on lui avoit fait regarder comme néceffaire ; mais, comme les vues de fon Miniftre étoient bien différentes, on ne fe fervit point de ce Bref pour réformer les Jéfuites, mais on en tira le meilleur parti que l'on put pour les diffamer. Oh ! fi parmi les Ecclléfiaftiques dont il s'agit on ne mêloit pas les Jésuites, la demande seroit très-raisonnable, & on ne devroit pas hésiter de s'y rendre : au lieu que les Jésuites y étant compris, & tout le monde voyant à merveille que ce n'est que sur eux que le Ministre veut décharger sa colere; on voit très bien aussi que, s'il sollicite un Bref à cet égard, ce n'est que pour revêtir ses violences de la respectable autorité du S. Siege L'abus du premier Bref suffit pour ouvrir les yeux du Conseil de Sa Sainteté sur celui-ci, & pour justifier à tout l'univers le refus qu'elle en fait. Que le Pape l'accorde, ou non, l'univers ne changera pas d'avis. M. de Carvalho pourra bien exécuter ce qu'il médite ; mais tout homme sage dira que le Bref donne bien aux Juges l'autorité, mais non pas l'esprit d'équité ; que le Jugement se fera en vertu du Bref, il est vrai, mais que c'est toujours à Lisbonne qu'il se fera.

Que diront de tout ceci nos Messieurs de la petite Assemblée, quand ils liront ces courtes, mais claires Observations ? Je les vois d'avance en grande délibération. Personne parmi eux qui s'avise de douter qu'elles n'aient été faites par un Jésuite de Rome ; & malheur au P. Noceri, au P. Faure, qu'on accuse de pouvoir bien en être les Auteurs. Après bien des perquisitions, bien des consultations entre eux, le vaillant & redoutable Secretaire de l'Assemblée prendra sur son compte d'y répondre sur le bon ton. Il a du loisir ; les mensonges & les calomnies ne lui coûtent rien, ou plutôt le nourriffent & l'enrichiffent ; il a d'ailleurs une facilité admirable & un talent rare pour le ftyle injurieux. La réponfe va donc inceffamment paroître ; & on ne manquera pas de nous dire encore que *les Jéfuites font des bandits, des fcélérats, des opiniâtres, des infolents, des infames, des effrontés, &c. &c. &c.* car ce font là les termes que choifit par prédilection l'inimitable Ecrivain, en parlant d'un Ordre fi refpectable. Il faut pourtant bien qu'il ne foit pas convaincu lui-même de ce qu'il dit, & qu'il ait au contraire une grande idée de la vertu de ces Peres : il fe garderoit bien de parler & d'écrire fur ce ton d'une troupe de fcélérats ; ce ftyle ne feroit pas sûr pour lui.

Pour l'empêcher donc de s'y méprendre, & pour épargner en même temps aux Jéfuites cette nouvelle grêle d'injures, j'avois d'abord réfolu de me nommer, confentant très fort qu'il tournât tous fes traits contre moi, & qu'il en dit toutes les belles chofes qu'il fait dire. J'en aurois fait le même cas qu'en ont fait les Jéfuites, dont le filence le paie de la feule monnoie qui lui convienne, d'un fouverain mépris. S'il veut quelqu'un qui lui réponde dans le même goût, ce n'eft point chez eux qu'il le trouvera, c'eft aux halles.

Mais un ami m'a fait remarquer fort à propos que ce feroit m'expofer beaucoup, & même fans utilité pour les Jéfuites. Comme ces Meffieurs, qui font aux aguets à Rome, ont ici des correfpondants, (eh ! où n'en ont-ils pas ?) ils découvriroient aisément les intimes rapports que j'ai avec ces Révérends Peres. De-là ils ne manqueroient pas de conclure, à n'en pas revenir, que quelque Jésuite m'a engagé à écrire, & même qu'il a mis la main à l'œuvre. Ensuite de quoi le faiseur de réponse ne s'en prendroit pas moins aux Jésuites ; & pour mon compte, on pourroit bien choisir quelqu'autre moyen plus à craindre que les traits de plume. Le tout mûrement considéré, j'ai cru que, pour la sûreté de ma personne, il valoit mieux garder l'anonyme. Permis au furieux aggresseur de frapper l'air.

Assurément il ne se taira pas. Mais qu'il n'oublie pas que la nuit du 11. Janvier on saisit le Pere Malagrida & quelques autres Jésuites, & que le lendemain matin, jour de la grande exécution, on publia, non plus un Manifeste, mais un Jugement imprimé, où l'on assure, comme prouvé juridiquement, que le Pere Malagrida & les autres Jésuites ont été complices & même les premiers auteurs de l'exécrable attentat. Que ce rare Ecrivain soutienne s'il peut, l'équité de cette nouvelle forme de Jugement : c'est un beau champ ouvert à son éloquence.

Il n'est pas possible, dit-il, de douter de l'équité incorruptible d'un Tribunal souverain, composé *de tout ce que le Portugal a de plus éclairé & de plus respectable.* Mais, si ce Tribunal juge des crimes sans avoir oui les accusés, on voudra bien nous permettre de n'être pas bien persuadés *de cette équité incorruptible.*

Si nous entreprenions de juſtifier ce Tribunal, nous aimerions mieux dire qu'il ne juge que ſur les pieces qu'on lui produit, à meſure qu'elles viennent d'être fabriquées par les créatures du Miniſtre, qui ne ſont pas aſſurément *tout ce que le Portugal a de plus éclairé & de plus reſpectable*. Nous dirions encore, pour ſa juſtification, que le Cardinal Viſiteur lui-même fut forcé à déclarer les Jéſuites Négociants, ſans en avoir examiné aucun; que le Cardinal Patriarche fut forcé à les ſuſpendre du ſacré Miniſtere, ſans pouvoir en alléguer aucune raiſon; que les Evêques mêmes furent forcés à publier contre eux des lettres paſtorales, où ils avançoient ce que dans leur conſcience ils ſavoient bien être abſolument faux; qu'enfin on a porté la Sentence de l'exil des Jéſuites, comme atteints & convaincus des crimes les plus extraordinaires, ſans les avoir entendus, ſans leur avoir permis de ſe défendre, comme on le permet pourtant à toute eſpece d'accuſés dans tous les Tribunaux du monde. Voilà tout ce qu'on peut dire pour la juſtification du Tribunal ſouverain de Portugal : & tout cela peut s'allier parfaitement avec l'innocence des Jéſuites.

Au reſte, qu'on n'aille pas s'imaginer que c'eſt ici une apologie pour les Jéſuites. Nous n'avons eu d'autre deſſein, que de mettre ſous les yeux quelques Obſervations qui ſe préſentent aſſez naturellement, & que tout le monde a pu faire par ſoi-même, en liſant cette multitude de pieces imprimées à Lisbonne par ordre de la Cour. De ces Obfervations il femble réfulter avec évidence que dans toute cette affaire on n'a fuivi aucune des fages regles que prefcrit le Droit, regles fi effentielles à tout bon Jugement.

D'ailleurs, nous n'avons pas ici tous les titres & toutes les connoiffances néceffaires pour une bonne apologie. Les Jéfuites la fauront bien faire eux-mêmes, quand ils la croiront convenable, fans avoir befoin pour cela d'une plume étrangere. Nous ne penfons pas que le refpect doive toujours leur fermer la bouche. Peut être fe flattoient-ils d'appaifer la Cour de Portugal ; & ils en feroient venus à bout, fi la rage de leurs ennemis de Rome n'eût à chaque inftant fait donner à Lisbonne mille & mille faux avis coup fur coup, jufqu'à fuppofer des réponfes & des apologies très-odieufes, & les faire paffer fous le nom des Jéfuites, quoique ces Peres n'en euffent pas, avant l'impreffion, la moindre connoiffance. Mais il eft à croire qu'ils rompront enfin le filence. C'eft alors qu'on fentira quelle différence il y a entre une apologie fuppofée & une vraie apologie. Le Public l'attend avec empreffement, parce qu'il fouhaiteroit fort ne pas entendre perpétuellement une feul Partie.

Fin de la premiere Partie.

OBSERVATIONS
SUR LA CONDUITE
DU MINISTRE
DE PORTUGAL.

SECONDE PARTIE.

A rupture entre les deux Cours de Rome & de Portugal, & toutes les opérations du Ministre en conséquence de cette rupture, feront la suite naturelle de tout ce que nous avons dit jusqu'ici; & nous en parlerons le plus succintement qu'il sera possible.

Remarquons auparavant les voies admirables de la divine Providence, protectrice de l'innocence des Jésuites. Maîtresse des événemens, elle les arrange en telle sorte, que les Jésuites persécutés se trouvent justifiés par leurs persécuteurs mêmes, & tellement justifiés, que jamais mille bouches &

mille plumes employées à leur défense n'y eussent si bien réussi.

La conduite irréguliere de Mr. de Carvalho avoit déjà bien avancé cette justification. Il la rend complette, en rompant sans raison & contre toute raison avec la Cour de Rome. Plaise au Ciel qu'il ne la rende pas encore plus éclatante, par tout ce que cette rupture ne fait que trop prévoir & craindre! A la naissance de ces troubles, on le disoit nettement : Si le Ministre veut éloigner les Jésuites, c'est qu'il voit bien que, tandis qu'ils seront dans ce Royaume, il ne viendra jamais à bout d'exécuter ce qu'il projette. Que pouvoit-on dire de la Compagnie de Jesus, qui lui fît plus d'honneur?

C'est à Mr. de Carvalho de montrer si ce fut une imagination de la vanité des Jésuites & de l'affection de leurs amis, ou si ce fut une vérité avancée avec fondement. En attendant, le systême Anglican s'avance à grands pas & peu de chose manque à son entiere exécution. Il n'y a plus de Jésuites en Portugal, ou le peu qu'il en reste ne peuvent, de leur étroite prison, s'opposer aux nouveautés qu'on veut introduire. Après les Jésuites on a chassé le Nonce Apostolique, dont la présence auroit gêné. On a rompu tout commerce avec le Saint Siège; & il est manifeste que le Ministre de Portugal a voulu à tout prix en venir à cette rupture, comme il ne l'est pas moins que Sa Sainteté & ses Ministres ont fait tous les efforts possibles pour l'éviter.

Les Evêques font abattus par la terreur; le Tribunal de l'Inquifition eft fans chef. Il ne refte donc plus à Mr. de Carvalho qu'à publier fes nouvelles Ordonnances, où il ne manquera pas fans doute de montrer encore en paroles quelque apparence de refpect, & même d'un très-grand attachement pour le Chef vifible de l'Eglife, de peur d'alarmer la Réligion de la Nation par un changement trop fubit. Il voudra l'y accoutumer fans qu'elle s'en apperçoive, en le rendant infenfible.

Nos defirs les plus ardens font que comme les Jéfuites ont eu la gloire d'arborer l'étendart de la Foi dans les immenfes contrées du Brefil & du Maragnan, on ne puiffe pas dire encore à leur honneur qu'elle s'en foit éloignée avec eux; & que quand on leur faifoit la guerre en Portugal, on la faifoit encore plus à l'Eglife. Faffe le Ciel que nos vœux foient exaucés! Ce qui foutient notre efpérance, c'eft la piété reconnue du Roi Très-Fidele Jofeph I., incapable affurement de permettre, avec connoiffance, dans fes Etats, aucune atteinte à la Réligion: mais ce qui nous fait trembler, c'eft le caractere particulier de Dom Jofeph Sébaftien de Carvalho, fon Miniftre.

Pour être convaincu que la Cour de Portugal n'avoit aucun fujet d'en venir à cette rupture, il ne faut d'autres preuves que les raifons mêmes qu'on apporte en déduifant les faits, dans ce que nous appellerons le Manifefte de Portugal, & qu'on fait très-bien n'avoir été écrit que fous la dictée de

Mr. de Carvalho. Ce Manifeste est fort étendu, les expressions en sont emphatiques & d'une grande énergie. Mais, si l'on reflechit à la nature des faits & à l'insuffisance des raisons, on croira plûtôt lire un Manifeste de la Cour de Rome. Rome au moins n'a pas besoin d'en produire un autre, pour prouver à l'univers qu'elle n'a donné aucun sujet de rupture, & qu'elle a mis en œuvre tout ce que la décence lui permettoit de faire pour la prévenir. Graces à Mr. de Carvalho, elle ne sera point obligée à prendre la peine de se justifier.

Il est vrai qu'il prend beaucoup sur lui-même, pour paroître conserver encore quelque respect pour la Personne de Sa Sainteté. Il ne s'en prend pourtant pas moins au Cardinal Torrigiani, Sécretaire d'Etat, & il ne donne pas moins à entendre que Clément XIII. s'est laissé mener & tromper par son premier Ministre, de la même maniere à peu près que lui, Mr. de Carvalho a fermé tout accès au Trône de Sa Majesté Très-Fidelle, & ne lui laisse savoir que ce qu'il veut bien qu'elle sache. Mais l'artifice est trop visible, & la différence saute aux yeux. Personne n'ignore que la terreur ne regne point à Rome, comme à Lisbonne. A Rome, les Grands ne sont point abattus, comme à Lisbonne, par la crainte des persécutions. A Rome, celui-là seul qui doit l'être, est en effet le maître & l'arbitre absolu des affaires, & non point un premier Ministre, comme à Lisbonne. Le Saint Pere, uniquement occupé de l'importante pensée

de

de gouverner & l'Eglise & l'Etat, écoute avec bonté tout le monde indifferemment. Grands & petits, Romains & étrangers, tous trouvent un accès facile, & peuvent lui parler en liberté. Et jamais le Cardinal premier Ministre ne s'est arrogé & n'a prétendu usurper cette autorité excessive, capable de rendre timide à se déclarer ouvertement contre ses vues, dès qu'on eut cru y appercevoir de l'injustice, & qu'on s'en fut senti lésé. On ne peut donc pas dire que Sa Sainteté soit mal informée des choses, & que le Cardinal Torrigiani lui cache la vérité ou ne lui en montre qu'autant qu'il en faut pour faire servir à sa propre passion l'autorité de son Maitre ; comme on peut très-bien le dire, & comme on le dit en effet du premier Ministre de Lisbonne. Examinons en détail les suites de plainte qu'il prétend avoir.

Il se plaint premierement, que la partialité reconnue du Cardinal en faveur des Jésuites, ait empéché Sa Sainteté de donner aucune marque positive & non douteuse d'approbation aux procédures dressées contre eux. Voilà sa plainte principale, qui renferme toutes les autres. Voyant que partout ailleurs on condamnoit ses étranges résolutions, il eut bien souhaité les faire paroître comme approuvées à Rome par le Saint Siége. Mais encore, outre que le Pape ne pouvoit ni approuver ni désapprouver ce qui se faisoit en Portugal, n'ayant point été admis à la connoissance de la cause, que falloit-il donc qu'il fît pour mar-

D

quer son approbation ? Falloit-il qu'il punît les Jésuites de Rome à cause des Jésuites de Portugal, comme M. de Carvalho a bien voulu se croire permis de punir, à plus de deux mille lieues de Lisbonne, les Jésuites du Brésil, pour les crimes qu'il impute à ceux de Lisbonne ? Qui ne voit que c'eût été la plus manifeste injustice ?

Il se plaint encore que Sa Sainteté ait continué à favoriser les Jésuites de Rome, quoiqu'ils vomissent les plus noires calomnies, & même, selon son expression, *des blasphêmes* contre l'honneur de Sa Majesté Très-Fidelle. Que Sa Sainteté les ait toujours favorisés, cela est très-vrai. Mais pourquoi veut-on qu'elle ait dû leur marquer moins de bienveillance, si en eux elle n'avoit rien reconnu qui en eût mérité la diminution ? Les autres Princes de l'Europe n'en ont-ils pas fait autant ? Pourquoi donc ne pas se plaindre aussi des autres Souverains, qui, sans s'informer de ce que peuvent avoir fait les Jésuites de Portugal, ont favorisé tout comme auparavant ceux de leurs Etats ? Dire que les Jésuites de Rome ont répandu des calomnies, vomi *des blasphêmes* contre l'honneur de Sa Majesté Très-Fidelle, ce n'est pas assez ; il faudroit le prouver. Sa Sainteté est à portée de le savoir un peu mieux que M. de Carvalho, qui se contente de l'avancer, & ne le prouve point. Nous voyons paroître depuis peu quelques brochures pour la défense des Jésuites. Elles ne font autre chose que des réfutations de mille & mille calomnies anciennes & nouvelles, répandues contre eux dans une infinité de libelles. Mais, si l'on en excepte nos Observations, nous n'avons rien vu, ni imprimé, ni manuscrit, qui de près ou de loin touche aux affaires de Portugal, & beaucoup moins à l'honneur de Sa Majesté Très-Fidelle.

Que si les Jésuites, voyant leur Compagnie opprimée en Portugal, avoient laissé échapper quelque plainte; si, dans la perte générale de tout le reste, ils avoient fait quelques efforts pour sauver au moins l'honneur ; en cela les trouveroit-on donc condamnables ? Quel est l'homme qui les en eût blâmés ? A-t'on jamais blâmé qui que ce soit de se défendre d'une injuste accusation ? Quel Tyran prêt à frapper un malheureux a jamais poussé la tyrannie jusqu'à prétendre lui ôter la funeste liberté de se plaindre ? M. de Carvalho auroit voulu que les Jésuites, en l'entendant prononcer que leur Compagnie est un infâme ramas de scélérats, baissassent humblement la tête, & répondissent: Cela est vrai. Sans folie, auroit-il pu s'y attendre ?

Mais les Jésuites, dit-il, ont donné un démenti formel à Sa Majesté Très-Fidelle. La preuve, c'est que dans les papiers signés par Sa Majesté, on trouve que les Jésuites sont en effet autant de scélérats; & malgré une décision si claire, les Jésuites ont bien osé en douter: comme si le Roi étoit capable d'avancer quelque chose de faux. Pour le coup voici, en fait de fourberie, un tour tout nouveau, qui n'étoit tombé dans l'esprit à personne, avant M. de Carvalho. Il se propose de noircir tout un Ordre considérable par les plus atroces calomnies, par les impostures les plus visibles ; & , pour que personne ne s'avise de les révoquer en doute, que fait-il ? il les fait paroître autorisées du seing du Roi. Que si quelqu'un après cela balance à les croire, c'est un insolent, un téméraire, qui en sacrilege blasphémateur, donne un démenti formel au Roi de Portugal, & qui se rend coupable d'un nouveau crime de lese-Majesté, pour lequel il n'est point d'assez grand supplice. Plaisante invention assurément, pour pouvoir à coup sûr & sans risque opprimer des innocens, à qui par-là on ôte tout moyen de défense, en les obligeant à se taire ! Mais M. de Carvalho nous permettra bien de lui dire que, s'il ne vouloit pas exposer le nom du Roi son Maître à l'affront de ce prétendu démenti, il devoit donc peser un peu mieux ce qu'il se promettoit de faire signer à Sa Majesté. Il ne falloit pas sur-tout lui donner pour des vérités bien prouvées les faussetés les plus palpables. Si donc on n'accorde pas à ces papiers une créance aveugle & religieuse ; si les incrédules en ce genre ne sont pas les Jésuites seuls, mais tous ceux encore qui ont le sens commun ; M. de Carvalho ne peut s'en prendre qu'à son défaut de fidélité

D'ailleurs, les Jésuites bien assurés dans leur conscience de n'être point aussi scélérats qu'on le débite dans ces papiers, quand ils s'inscrivent en faux contre ce qu'ils contiennent, ne prétendent donner aucune atteinte à la sûreté de la parole Royale. Ils savent, à n'en pas douter, que dans ces papiers il n'y a du Roi qu'un seul mot, c'est son nom; & que ce mot encore ne s'y trouveroit pas, si Sa Majesté n'avoit été mal informée & très-positivement trompée par de fausses apparences, qu'on a fait signifier tout ce qu'on a voulu. On est en état de prouver à tout le monde que ce n'est point là qu'on peut trouver les vrais sentimens de Sa Majesté, parce qu'on a d'autres papiers écrits dans des temps sans nuages, & *signés* aussi par Sa Majesté, où le Roi assure des choses toutes contraires à ce qu'on lui fait *signer* de nos jours. Sans remonter bien haut, M. de Carvalho n'a qu'à chercher dans les Archives; il en trouvera une en date du 2 Mars 1752. C'est une réponse du Roi à la Congrégation générale des Jésuites, qui s'étoit donné l'honneur d'écrire à Sa Majesté une lettre au nom de toute la Compagnie. Dans cette réponse, Sa Majesté daigne marquer la satisfaction que lui a causé cette lettre. Un si grand Prince ne pouvoit écrire dans des termes plus obligeans, plus paternels, à un Ordre Religieux. Tout, jusqu'aux moindres expressions, y respire une bonté, une affection & une estime extraordinaire. Sa Majesté y rappelle *les grands avantages qu'ont procuré à l'Eglise Catholique les travaux des Missionnaires de la Compagnie de Jesus, dont le zele constant & infatigable s'est toujours consacré à prêcher la Foi & à l'étendre.* Le

Roi finit en aſſurant la Compagnie de ſa Royale bienveillance, déclarant qu'il veut ſuivre en cela l'exemple de ſes Auguſtes Prédéceſſeurs, & nommément celui du Roi ſon pere.

Or, un Roi qui s'exprime ainſi en 1752, comment concevoir qu'en 1759 il puiſſe aſſurer que ces Miſſionnaires ne s'occupent qu'à négocier, qu'à envahir des Provinces, qu'à fomenter des révoltes? Comment ce même Roi peut-il ſoutenir que la Compagnie de JESUS (M. de Carvalho affecte de ne plus nommer ainſi les Jéſuites, quoique ce titre leur ait été donné par les Souverains Pontifes & par le St. Concile de Trente, qui défend même ſous peine d'excommunication de le leur diſputer.) Comment, dis je, ce Roi peut-il ſoutenir que la Compagnie de JESUS eſt un Ordre abſolument perverti dans ſes maximes, dans ſa doctrine, dans ſon Gouvernement, & qu'il eſt démontré, par l'expérience de près de deux ſiecles, que la paix & la tranquillité publique ne peut ſe conſerver dans les Etats de Portugal avec la Compagnie de JESUS, ainſi qu'on le décide dans les dernières pieces *ſignées par Sa Majeſté*? Les Jéſuites ſont donc très fondés à penſer qu'elles ne ſont l'ouvrage que du ſeul Miniſtre, qui trompant ſon Roi, a ſurpris ſa ſignature, pour donner du crédit à ſes calomnies. Le démenti donc, ſi c'en eſt un de refuſer de les croire, ne s'adreſſe point au Roi, mais au Miniſtre, qui ſe cache ſous le nom du Roi. D'où il réfulte, qu'étant pleinement faux que les Jésuites de Rome aient attenté en rien à l'honneur de Sa Majesté Très-Fidelle, on ne peut assigner aucune raison pour laquelle Sa Sainteté ait dû leur ôter ses bonnes graces, comme l'auroit si fort desiré M. de Carvalho.

Il se plaint que, loin de montrer par aucun signe positif & non douteux qu'elle approuvât la conduite de la Cour de Portugal, celle de Rome a donné des marques certaines qu'elle la désapprouvoit ; ce qu'il entreprend de démontrer en raisonnant sur certains faits avec beaucoup d'emphase. Mais ses raisonnemens fussent ils encore plus spécieux, leur emphase ne les rend pas plus concluants. Nous leur ôterons cette enveloppe, pour en mieux voir le fond. Voici deux de ces faits: le premier, c'est que le Cardinal Torrigiani, de concert avec le Général des Jésuites, a écrit au Nonce en Espagne, au nom de Sa Sainteté, & qu'ayant fait dans cette lettre l'éloge de la Compagnie, il ajoute qu'il n'y a que l'envie & le libertinage qui fasse parler autrement. Le second fait, c'est qu'on fit saisir un Libraire de Rome qui débitoit un libelle infamant contre la Compagnie, & qu'on prit de justes mesures pour empêcher l'impression de ces sortes de Livres, en intimant à tous les Imprimeurs de cette ville les plus séveres défenses sur ce point. Nous ajouterons, puisque le Manifeste n'en dit rien, que l'on chassa de Rome un Frere Lai d'un certain Ordre, parce qu'il faisoit la main à ce

Libraire. Pefons ces deux faits l'un après l'autre.

Quant au premier, M. de Carvalho nous donne une pure fuppofition pour un fait indubitable, lorfqu'il avance que cette lettre fut écrite de concert avec le Général des Jéfuites. Le Général étoit fi peu de concert en cela, que la premiere connoiffance qu'il ait eu de cette lettre lui vint par les nouvelles d'Efpagne, quand elle y eut été rendue publique. Suppofition encore, que cette lettre roulât fur les affaires de Portugal; puifqu'on n'y parloit que des infames libelles que l'on répandoit contre les Jéfuites, & qui prefque tous venoient de Rome. Le fait eft que plufieurs Evéques d'Efpagne voyant avec douleur l'horrible fcandale que caufoient ces libelles dans le Public, firent de fortes repréfentations à Sa Sainteté, pour qu'elle voulût bien mettre un frein à la licence; & que, fur l'avis de ces zélés Prélats, le Pape fe crut obligé d'apporter à un fi grand mal le remede convenable. Sa Sainteté le fit par cette lettre, qui, fans dire un feul mot des Jéfuites de Portugal, mit hors d'atteinte la réputation de tous les autres. C'eft au Public maintenant de juger fi la Cour de Portugal a pu avec juftice fe tenir offenfée d'une précaution fi équitable & fi néceffaire; comme fi c'eût été là défapprouver même tacitement fa conduite. Certainement il n'étoit pas poffible au Saint Pere d'imaginer que par-là il donneroit du défagrément à cette Cour. Il eût bien plutôt cru que le penfer eût été lui faire injure. Mais, quand même cette pensée lui fût venue, falloit-il donc, pour des craintes humaines, fermer l'oreille aux instances de tant d'Evêques, & laisser un libre cours au scandale?

On en doit dire autant de l'emprisonnement du Libraire & de l'exil du Frere Lai, qui distribuoient si hardiment ces libelles. Ces précautions si justes sont pourtant, à entendre M. de Carvalho, autant d'actes d'hostilité contre la Cour de Portugal faits en faveur des Jésuites par le Cardinal Torrigiani. Faux supposé encore; car, pour le dire en passant, ce ne fut point ce Cardinal qui donna ordre d'arrêter le Libraire; il n'étoit point encore Secretaire d'Etat; ce fut le Cardinal Archinto, qui ne passoit pas pour l'ami le plus chaud des Jésuites. Pour ce qui est de la défense aux Libraires, elle est pour nous une chose tout-à-fait neuve, d'autant plus qu'elle n'étoit nullement nécessaire. A Rome, les Loix qui défendent l'impression de quelque ouvrage que ce soit avant les revisions & sans les permissions requises, sont dans leur pleine & entiere vigueur. Mais je veux qu'elle ait été faite, cette défense, que peut-on y reprendre? Falloit-il que le Pape, sous ses yeux & dans sa Capitale, souffrît l'impression de Livres si scandaleux? La seule politique eût dû l'en empêcher; puisque l'expérience montre assez que ces sortes de Livres ne sont propres qu'à faire naître des disputes & des querelles, qu'à fomenter l'esprit de parti & la discorde. A plus forte raison eût-il dû porter cette défense pour prévenir la perte des ames confiées à ses soins, perte que causent comme infailliblement pareilles lectures ; pour ne rien dire d'une foule de pechés de détraction que ces livres rendoient chaque jour si fréquents à Rome, du mauvais exemple des détracteurs, & nommément de celui que donnoient plus que personne un petit nombre de Religieux de la morale sévere. Il n'étoit que trop dangereux, qu'en voyant travestir en autant de monstres d'iniquité les Jésuites, qui parmi les Religieux ne sont pas après tout les plus mauvais, les libertins ne vinssent à se former une idée très-desavantageuse de tous les autres, à prendre droit de mépriser la parole de Dieu dans leur bouche, & à s'affermir dans le désordre. Il étoit à craindre que le bon Peuple, prenant de la défiance des Confesseurs Jésuites, comme de faux Prophêtes, ne se donnât pas la peine d'en chercher de meilleurs, & n'abandonnât l'Eglise & Sacrements. Quoi donc, toutes ces réflexions n'autorisoient point assez le Souverain Pontife à défendre l'impression de tels livres ? Eût-il été le plus aliené des Jésuites, il eût été obligé de le faire.

D'un procédé si régulier, si indispensable, comment M. de Carvalho peut-il donc en tirer une preuve qu'à Rome regne une partialité outrée en faveur des Jésuites, & qu'on y désapprouve expressément la conduite de Portugal ? Si, malgré tout ce que nous avons dit, ce Ministre croit encore avoir en cela de justes sujets de se plaindre, que ne fe plaint-il auſſi de la Cour de Vienne, de la Cour de Naples, où, par rapport à ces mêmes livres, on a pris avec encore plus d'efficacité les mêmes meſures? Que ne témoigne t'il ſon chagrin au Conſeil Souverain de Caſtille, qui a fait brûler par la main de l'Exécuteur bon nombre de ces libelles, & ſpécialement *la Relation abrégée*, dont le débit fit châtier le Libraire de Rome? Que ne s'en prend-il encore à l'Inquiſition d'Eſpagne, qui les défendit ſous peine d'excommunication, & qui d'ailleurs fit dans ſon Décret les plus grands éloges de la Compagnie? Mais non, M. de Carvalho ne fait le mécontent qu'avec la Cour de Rome. On ne voit donc que trop que tous ſes ſujets de plainte ne ſont rien de plus que des prétextes pour en venir à une rupture, qu'il jugeoit néceſſaire à ſes deſſeins. Mais avançons.

Il allegue encore un fait, dont il prétend bien conclure demonſtrativement *que la Cour de Rome a poſitivement voulu rompre avec le Portugal, & a même été la premiere à lui déclarer la guerre*. Le voici. On demanda au nom du Roi de Portugal un Bref, en vertu duquel il fût permis de faire le procès aux Gens d'Egliſe qui ſe trouveroient avoir trempé dans l'attentat commis en la Perſonne ſacrée de Sa Majeſté Très-Fidelle. Ce Bref, on ſouhaitoit qu'il s'étendît à tous les cas de même nature qui pourroient écheoir à l'avenir. Le Bref fut accordé ſans délai, mais limité alors au cas préſent, parce qu'il n'y avoit de fortes raiſons de l'accorder au plutôt que celles qui regardoient le cas préfent. En même temps Sa Sainteté écrivit au Roi une lettre très preffante, pour implorer fa clémence en faveur des coupables, priant inftamment Sa Majefté d'épargner le fang de perfonnes confacrées à Dieu. Et comme le Roi avoit fait connoître au Pape le deffein où il étoit de chaffer tous les Jéfuites de fes Etats, Sa Sainteté à la premiere lettre en ajouta une feconde, pour le prier de modérer une fi grande rigueur contre un Ordre entier, & de ne point faire fubir aux innocents le fort des coupables. On envoya au Nonce par un Courrier extraordinaire ces deux lettres avec le Bref, fans les avoir communiquées à l'Ambaffadeur. Voilà le fait fans déguifement, comme fans ornement. Or nous défions quiconque de rien trouver dans ce fait que de très équitable, & fur-tout d'y rien trouver dont le Roi de Portugal puiffe raifonnablement fe tenir offenfé. M. de Carvalho n'y voit pourtant rien de moins que quatre infultes faites au Roi fon maître, quatre chefs d'accufation par conféquent contre le Cardinal Torrigiani.

Le premier, il le fonde fur la maniere dont fut faite cette dépêche, qui, felon lui, n'avoit point dû fe faire fans la participation de l'Ambaffadeur de Portugal. M. de Carvalho ne s'apperçoit pas qu'en ceci il fe condamne lui même; puifqu'auparavant il avoit expédié à Rome un Courrier fecret, pour y porter fes lettres d'inftance, à l'infu du Nonce. De quel droit fe plaint-il, quand on lui rend la pareille ? Ou bien est-ce peut être que par ſes qualités perſonnelles le Commandeur d'Almada méritoit de plus grands égards que le Cardinal Acciaioli ?

Le ſecond chef d'accuſation, il le tire de ce qu'on n'a accordé qu'un Bref limité, quoiqu'on en eût demandé un perpétuel, qui pût valoir à l'avenir pour tous les cas de même nature. Bien des reflexions ſe préſentent ici. On pouvoit avoir des raiſons, dans leſquelles il ne nous appartient pas d'entrer, pour ſtipuler cette limitation : on n'avoit point abſolument refuſé le Bref perpétuel ; on avoit ſeulement pris du temps, pour examiner s'il convenoit de l'accorder: en attendant, on avoit accordé celui qu'exigeoit la néceſſité préſente. Mais, laiſſant toutes ces conſidérations, d'ailleurs ſi juſtes, nous faiſons cette queſtion : Une grace, pour n'être pas entiere, ceſſe t'elle d'être une grace ? A-t'on jamais dit que la moitié d'une faveur devienne une offenſe, & que qui la reçoit ait autant de droit de ſe plaindre, que le créancier à qui on ne rend que la moitié de ſa ſomme, quand il la redemande toute entiere ? Au moins ne dira-t'on pas que la reſtriction de l'Indult Apoſtolique ſoit un effet des menées des Jéſuites, & qu'elle y ait été miſe en leur faveur. Qu'avoient ils à craindre d'un Bref perpétuel, qu'ils ne duſſent craindre auſſi du Bref limité au cas préſent, ſeul cas où il pût, limité ou non, avoir lieu contre eux ?

Mais le Pape emploie des prieres auprès de Sa Majesté Très-Fidelle, pour la détourner de répandre le sang de personnes consacrées à Dieu. C'est ici le troisieme chef d'accusation, savoir, ce que le Pape vient d'ajouter dans sa lettre. M. de Carvalho ne peut, dit-il, se persuader que Sa Sainteté ait été capable d'écrire en ces termes à un Monarque assassiné. Se trouvera-t'il quelqu'un qui pense comme ce Ministre, & condamne en ceci la conduite du Pape? Ne la jugera t'on pas au contraire d'un devoir indispensable? C'en est un dicté par la piété, conforme à l'esprit de l'Eglise & à la mansuétude sacerdotale, & qui est de style toutes les fois que le Juge d'Eglise livre un accusé au bras séculier. C'est un acte de charité digne du Pontife qui le fait, & du grand cœur du Monarque à qui il s'adresse. N'importe ; M. de Carvalho prononce qu'il y a de l'indécence de la part du Pape, & qu'il fait une insulte au Roi. Il y remarque sur-tout une partialité formelle & ouverte en faveur des Jésuites, dont il entrevoit là les intrigues. M. de Carvalho ne veut point faire attention que, ni dans la demande du Bref, ni dans la lettre de Sa Sainteté, il n'est fait aucune mention des Jésuites ; & que, dans l'une & dans l'autre, on s'en tient toujours aux termes généraux de personnes Ecclésiastiques. M. de Carvalho ne veut pas comprendre que cette partialité tant de fois rebattue ne pouvoit avoir lieu; puisque le Pape, eût-il été même l'ennemi juré des Jésuites, ne pouvoit manquer à un devoir de cette espece. Enfin, M. de Carvalho veut croire obstinément que cette lettre ait été minutée avec le Général des Jésuites, qui néanmoins n'en avoit pas eu le moindre vent, & qui l'ignoreroit encore, si M. de Carvalho n'eût trouvé bon de la publier lui-même dans son Manifeste.

On sera bien plus surpris encore du quatriéme chef d'accusation. M. de Carvalho, qui a de bons yeux, le voit dans l'autre lettre, où Sa Sainteté exhorte le Roi Très-Fidele à relâcher quelque chose de la résolution prise de chasser tous les Jésuites de ses Etats, & lui fait faire cette réflexion, qu'on ne doit point confondre les innocents avec les coupables. Quoi de plus conforme à toutes les regles de l'équité ? Consultons pourtant M. de Carvalho. Il trouve là un démenti formel donné au Roi son maître. Eh quoi ! dit-il ; les Edits *signés par Sa Majesté* portent expressément que tous les Jésuites sont coupables, & l'on ose distinguer entre coupables & innocents ? on a la témérité de supposer que parmi les Jésuites il en soit quelqu'un qui ne soit pas criminel ? Nous voici donc revenus à l'admirable secret en vertu duquel M. de Carvalho ne prétend rien de moins que de forcer tout le monde, & le Pape lui-même, à recevoir bonnement pour très-vrais ses propres sentiments, quelque faux, quelque étranges qu'ils puissent être, dès là qu'il les fera paroître comme autorisés par le Roi, dont l'auguste nom, là comme par tout ailleurs, eſt toujours infiniment reſpectable.

Mais nous ne ſommes pas au bout des accuſations. Le Cardinal Torrigiani, en conformité de cette ſeconde lettre du Pape, avoit marqué au Nonce, dans un certain mémoire qu'il lui envoyoit, *que ſur ce point les ſentiments de Sa Sainteté étoient invariables, parce qu'ils étoient fondés ſur l'équité, qui ne permet point de confondre les innocents avec les coupables.* Voici ce que conclut M. de Carvalho de ces paroles : c'eſt que par elles (mais parle-t'il bien ſérieuſement ?) c'eſt que par ces paroles le Cardinal fait au Roi de Portugal une déclaration de guerre en bonne & due forme, puiſqu'il prend ouvertement le parti des Jéſuites, ennemis de cette Couronne. En vérité, on croiroit rêver, ſi l'on ne ſe ſouvenoit que la gloſe eſt du Manifeſte. A quoi bon nous arrêterions nous à faire de nouvelles obſervations ſur le prétendu démenti du Pape à Sa Majeſté Très-Fidelle ? le grand ſecret des *ſignatures* eſt tel, qu'une fois éventé, il n'a plus de vertu. Beaucoup moins diſcuterons nous l'imaginaire déclaration de guerre du Cardinal. Il eſt aſſez clair que qui penſe & parle de la ſorte, parle & penſe d'une façon inconnue aux autres hommes.

Le Manifeſte finit par un fait, qui très-aſſurément n'a rien de plus concluant. On en va juger.

Le Roi Très-Fidele préſenta, pour le Siege Archiépiſcopal de la Baie de Tous les

les Saints, Capitale du Brefil, Frere Dom Emmanuel de Ste. Agnès, fur le fuppofé de la vacance du Siege, par la démiffion libre qu'en auroit fait entre les mains de Sa Sainteté l'Archevêque Dom Jofeph Bothelos de Mathoï. Là-deffus la nomination du Roi paroît, avant qu'on eût les preuves néceffaires de cette démiffion. Outre que c'étoit là un procédé bien nouveau, on avoit quelques raifons de foupçonner qu'encore cette fois Sa Majefté, comptant trop fur la fidélité de fon Miniftre, auroit figné ce que celui-ci lui donnoit pour vrai, & qui ne l'étoit peut-être pas. Le Pape, qui dans le Confiftoire devoit attefter qu'il avoit vu l'acte juridique de la démiffion, ne fe fentit pas d'humeur à faire ce menfonge. Il jugea donc à propos de fufpendre l'expédition des Bulles jufqu'à ce que cet acte eût en effet été remis entre fes mains; & crut pouvoir le faire avec d'autant moins d'inconvénient, qu'on ne fe laffoit point de l'affurer que l'acte arriveroit aux premiers jours.

Qui pourroit fe formalifer d'une circonfpection fi prudente & fi néceffaire? Valoit-il mieux que Sa Sainteté offenfât le Roi des Rois, pour ne pas manquer au Roi de Portugal? Il paroît bien que M. de Carvalho le penfe ainfi; &, dans plus d'une occafion, il le montre affez, en faifant un crime au Pape des différentes démarches auxquelles Sa Sainteté étoit le plus obligée, & qu'elle ne pouvoit omettre fans manquer à Dieu & à fa confcience. Qu'y faire? Dans ce cas, il fe trouve écrit & figné par le Roi, que l'Ar-

E

chevêque a fait sa démission entre les mains de Sa Sainteté ; & Sa Sainteté *n'a pas cru pouvoir mentir*. M. de Carvalho prétend que le Pape a dû le croire avec plus de certitude, que si l'acte eût été sous ses yeux & entre ses mains. Sans doute donc que, pour obliger l'entendement à se soumettre, & à croire ce qui ne tombe pas sous les sens, la révélation divine n'a pas plus de force qu'un écrit *signé par le Roi*. Etrange décision ! mais c'est une conséquence du grand secret dont nous avons parlé plus haut.

Le vrai pourtant, c'est que cet acte de démission en bonne & due forme, qu'on assuroit si fort devoir arriver aux premiers jours, cet acte n'a jamais paru. Le vrai encore, c'est que, pour avoir eu le courage de répondre à la Cour, qu'après bien des informations & toutes les recherches imaginables, les Jésuites avoient été trouvés innocents de tous les crimes qu'on leur imputoit, ce saint & digne Archevêque, pour prix de sa sincérité vraiment sacerdotale, a été déposé de son Siege par ordre de la Cour, a vu son dais tiré de sa Cathedrale, & son temporel saisi ; n'ayant, à l'âge de plus de quatre-vingts ans, d'autres ressources que les charités volontaires des Fideles ; mais dédommagé de ce qu'on lui a ôté par la consolation d'avoir obéi à Dieu, de n'avoir point offensé le Roi, & de ne s'être point manqué à soi-même. De tout cela que conclure, sinon qu'il est évident que M. de Carvalho a voulu surprendre le Pape, par la prétendue démission & par la nomination d'un nouvel Archevêque ?

Voilà en substance tous les affronts que le Ministre de Lisbonne prétend avoir reçus de la Cour de Rome. Voilà en même temps les titres justificatifs de la rupture qu'il a ménagée entre le Souverain Pontife, pere commun de tous les Fideles, & un Prince Catholique, son fils. Que ce Ministre ait voulu rompre avec le S. Siege, on n'en est point surpris, on devoit s'y attendre; mais qu'il rejette la faute de la rupture sur les Ministres de Sa Sainteté, & qu'il prétende nous persuader par les frivoles raisons de son Manifeste, c'est de quoi l'on ne peut assez s'étonner: comme si, parmi tant de lecteurs, il n'eût dû se trouver personne en état de raisonner un peu plus juste sur les faits, & de voir que l'emphase, l'hyperbole, & l'appareil des bruyantes épithetes ne sauroient tenir lieu de raisons. Nous le disons encore : assurément les Ministres de la Cour de Rome sont très-fort dispensés de rien dire ou écrire pour leur propre défense. A s'en tenir à ce qu'allegue M. de Carvalho dans son Manifeste, on se verra conduit à des conséquences toutes contraires à celles qu'il en prétend tirer.

Qu'il nous soit pourtant permis d'ajouter sur ce Manifeste quelques réflexions, bien propres à démontrer combien la Cour de Rome étoit éloignée de vouloir rompre avec celle de Portugal.

Tout ce qu'on veut prouver dans le Manifeste se réduit à un point, savoir : Que la Cour de Rome a déclaré la guerre au Roi

(63)

Très-Fidele, parce qu'elle a pris sous sa protection les Jésuites, qu'il regarde comme ses ennemis. Toute la preuve, ce sont les quatre à cinq faits que nous venons d'exposer.

On ne peut nier sans doute que le Pape & ses Ministres n'honorent les Jésuites en général d'une spéciale bienveillance. Mais cette bienveillance éclairée n'embrasse point ceux d'entr'eux en particulier qui se fussent attiré & eussent merité l'indignation de Sa Majesté Très-Fidelle, ou tels autres qui par quelque endroit se fussent rendus indignes du nom de Jésuites. On ne doute pas même que des faits en question, fondés d'ailleurs sur la justice, dans lesquels les Jésuites n'ont pas eu la moindre influence, dont ils n'avoient pas même la moindre connoissance, que de ces faits, dis-je, on ne puisse tirer quelque preuve de cette bienveillance qu'on suppose, & qu'assurément nous ne nions point. Mais la vérité est, qu'eu égard à la situation critique où les Jésuites se trouvoient, ce qu'on a fait pour eux est bien peu de chose, si on le compare à ce que les circonstances exigeoient, à ce qu'on pouvoit faire en toute équité, à ce qu'on eût certainement fait, si le Pape eût laissé agir le penchant de son cœur, au lieu de le retenir par une scrupuleuse attention à ne point aigrir la Cour de Portugal. Qu'on la fasse donc cette comparaison, pour être mieux en état de juger si le Ministre de Lisbonne a raison de se plaindre, ou si l'on ne doit pas plutôt admirer l'infinie condescendance de la Cour de Rome pour celle de Portugal.

On écrivit une Lettre au Nonce en Espagne, pour démentir une multitude de calomnies qu'on répandoit de tout côté contre les Jésuites. On fit défense (si pourtant on la fit) à tous les Imprimeurs de Rome en général d'imprimer les libelles qui les contenoient. On fit mettre en prison le Libraire qui les débitoit, & l'on exila un Frere Lai pour la même raison. Voilà en somme tout ce qu'on a fait pour la défense de l'honneur des Jésuites ; tandis qu'ils étoient en butte aux satyres les plus sanglantes, & qu'ils souffroient en silence la plus cruelle oppression de la part de leurs ennemis.

N'eût-il pas été juste encore d'empêcher efficacement l'impression de ces Livres, qui, à la honte de la prohibition, paroissoient tous les jours à Rome, & de Rome alloient infecter l'univers ? Le Pape n'eût-il pas pû l'arrêter efficacement s'il eût voulu ? Les presses travailloient dans le Palais de l'Ambassadeur de Portugal, il est vrai : mais les Auteurs, les Imprimeurs, les Colporteurs n'en étoient pas moins sujets du Pape : Sa Sainteté pouvoit donc leur faire éprouver toute la sévérité des Loix. On a pourtant fermé les yeux, & laissé tous les contraventeurs jouir de l'impunité, par cette unique raison que les contraventions se commettoient comme à l'ombre du Portugal.

Dira-t'on que les auteurs & les complices de ces infamies se sont tenus bien cachés, & que par cette raison on n'a pû procéder contre eux ? En bonne foi paroît-il fort croyable que le Magiſtrat ne fût pas venu à bout de les déterrer, s'il l'eût entrepris ? Mais ſoit. En ce cas, on pouvoit au moins défendre des Livres de cette eſpece dans la Congrégation de l'Indice. On y traite ainſi des Livres bien moins pernicieux. Il ſuffit quelquefois qu'un ouvrage touche à la réputation d'un ſeul particulier, pour être mis à l'Indice. A combien plus forte raiſon devoit-on défendre ceux qui, en noirciſſant quantité de particuliers, s'en prennent encore à tout un Corps Religieux, qu'on a regardé juſqu'à préſent comme un des plus exemplaires, & des plus utiles à l'Egliſe ? Le Saint Pere ne manquoit pas de forts déterminatifs pour en ordonner la défenſe. Des Cardinaux & des Evêques diſtingués par leur zèle & leur crédit l'ont preſſé plus d'une fois ſur ce point. L'exemple de l'Inquiſition d'Eſpagne, l'uſage conſtant de Rome, la juſtice de la cauſe ne l'y excitoient pas moins. Malgré tout cela, bien inſtruite qu'à Lisbonne on ne manquoit point de donner un mauvais tour à tout ce qui ſe faiſoit à Rome en faveur des Jéſuites, Sa Sainteté s'eſt fait violence à elle-même : &, de peur de fournir un prétexte de plus à de nouvelles plaintes, elle a toléré le cours de ces infames brochures, ſans autre défenſe que celle que portent avec eux de leur nature les libelles diffamatoires.

Il y a plus : on n'ignoroit point à Rome le ténébreux réduit où la calomnie forgeoit cette nuée de traits contre les Jéſuites. On favoit précisément les instans & le lieu des rendez-vous. On connoissoit par nom & par surnom tous ceux qui composoient la malheureuse assemblée dont on voyoit sortir chaque jour des productions également funestes & à la Compagnie & à l'Eglise. Quel Prince eût jamais souffert dans sa Capitale des complots si pernicieux, & ne les eût pas étouffés dès leur naissance, comme les bonnes regles le demandoient? Il paroît même que le Souverain Pontife étoit encore plus obligé à le faire, étant bien informé que ces gens-là souffloient continuellement le feu de la discorde, peu en peine de compromettre le Saint Siege, & de faire naître la division entre le Sacerdoce & l'Empire, pourvu qu'à ce prix ils vinssent à bout de ruiner les Jésuites. On pouvoit aussi avec justice suspecter la foi de ces Messieurs, étant très-notoire qu'ils agissoient de concert, & qu'ils étoient parfaitement d'intelligence avec les sectateurs de Jansenius. De quelque côté qu'on prenne la chose, il eût été très prudent de détruire cette dangéreuse clique, qui ne vouloit que du trouble. Or, pour un Prince qui réunit en sa personne l'un & l'autre pouvoir, quoi de plus aisé que de se défaire de quatre ou cinq Prêtres, & d'une poignée de Moines, & de les faire tous disparoître du jour au lendemain? Ce ne fut pas faute d'y penser: mais, comme les fourbes se donnoient pour sujets de Portugal, dont ils avoient pour ainsi dire endossé les livrées, Sa Sainteté poussa les égards pour tout ce qui portoit ce nom, jusqu'à suspendre ſes réſolutions les plus équitables, & à ſouffrir, comme elle fait encore, que ces factieux enhardis par l'impunité, marchaſſent tête levée dans Rome Les attentions du Pape pour le Roi de Portugal pouvoient-elles aller plus loin ? Ce n'eſt pourtant pas tout.

Tout Rome a connu & ſupporté le Commandeur d'Almada, autrefois Camérier d'honneur de Sa Sainteté, & enſuite Ambaſſadeur du Roi de Portugal : nous n'en ferons donc point le portrait. Nous nous contenterons de dire que mal aiſément trouveroit-on un homme moins propre à ſoutenir un tel perſonnage, à repréſenter une Tête couronnée, & à manier des affaires auſſi délicates qu'importantes. Sans doute il avoit oublié les bons offices que les Jéſuites lui rendirent dans des temps pour lui moins heureux. Du moins affectoit-il en toute occaſion de marquer pour eux une haine mortelle ; &, quoique ſon caractere dût l'engager à cacher ſa paſſion, il la faiſoit triompher dans tous ſes propos. On en fut excédé, juſques là, qu'à la réſerve de ſes Portugais, ou naturels, ou adoptifs, il ne ſe trouva plus perſonne qui voulût avoir avec lui quelque rapport. A l'entendre, amis des Jéſuites, & ennemis du Portugal, n'étoit qu'une même choſe ; & fuſſent-ils même Cardinaux, il n'en parloit qu'avec le dernier mépris. On eſt informé qu'il voulut perſuader à une Dame illuſtre par ſa vertu & par ſon nom, que les abſolutions des Jéſuites ſont invalides : mais la prudence d'un vertueux Dominicain la détrompa bientôt. M. d'Almada fit un crime capital à un Portugais d'entendre la Messe dans l'Eglise des Jésuites. Il étoit homme à dépêcher des Couriers à Lisbonne, pour y porter les plus minces nouvelles des Caffés, vraies ou fausses, pour peu qu'elles fussent propres à rendre les Jésuites toujours plus odieux au premier Ministre. D'autre côté, le furieux Dom Antonio, ci devant Moine de l'Araceli, ensuite Chapelain de Malthe, l'emportoit encore sur M. d'Almada, dont il étoit Secrétaire; & tous deux de concert, au lieu d'amener les choses à quelque honnête arrangement, mettoient tout en œuvre pour le rendre impossible, & poussoient tout aux dernieres extrémités.

Sa Sainteté comprit bien qu'un homme de cette trempe n'étoit pas ce qu'il falloit aux besoins présents; & par cette raison, écrivit au Roi, pour l'engager à rappeller M. d'Almada, en lui donnant un successeur plus modéré & plus traitable. C'est là un point qu'un Souverain accorde avec toutes sortes de facilités à un autre Souverain, qui lui en fait la demande. Mais à celle du Pape, point de réponse. Ce fut alors que M. d'Almada, outré de dépit pour cette démarche, qui, à la vérité ne lui faisoit pas beaucoup d'honneur, alla jusqu'à dire nettement qu'il ne vouloit plus traiter avec le Cardinal Torrigiani, Secrétaire d'Etat, & qu'on eût à lui assigner un autre Cardinal avec qui il pût conférer sur les affaires courantes. La prétention étoit bien extraordinaire, elle avoit même quelque chose d'indécent. Sa Sainteté pourtant, résolue de pousser la condescendance jusqu'où le permettroient le devoir & l'honneur, espérant par-là d'adoucir l'esprit aigri de l'intraitable d'Almada, accorda de bonne grace ce qu'il demandoit, & lui donna le Cardinal Cavalchini, qui par sa prudence, son affabilité, sa politesse, lui étoit devenu spécialement cher. L'Ambassadeur aussi en parut quelque temps satisfait; ce qui ne l'empêcha pourtant pas à la premiere occasion de faire une nouvelle insulte au Pape, comme on va le voir.

Le Bref dont nous avons parlé ci-dessus étant tout dressé, & les Lettres du Pape étant prêtes, on en fit, avec quelques nouvelles instructions pour le Nonce en Portugal, un seul paquet, & l'on dépêcha un Courier extraordinaire pour le lui porter. Voilà que Mr. d'Almada se pique de nouveau, & se plaint hautement qu'on ne lui ait point communiqué les dépêches, & qu'elles soient parties du Bureau du Secretaire d'Etat, au lieu d'être expédiées par son ordre de lui Ambassadeur. Peu d'heures après il fait partir un Courier à lui, qui atteint le Courier du Pape dans une ville de France; & fait tant par ses raisons, mais plus encore par son or, qu'il lui persuade de prétexter une chûte qui lui rende impossible le reste de sa course. Il se fait donner le paquet, qu'il porte en droiture au premier Ministre. Celui-ci, après l'avoir ouvert, après en avoir lu les piéces tout à son aise, le fait enfin remettre au Nonce. C'est ainsi que la chose fut racontée dans le temps. Personne à Rome qui ne reconnût là un violement manifeste de la foi publique & du droit des gens. Le Pape le reconnut encore mieux ; & néanmoins toujours ferme dans le parti pris d'éviter toute occasion de dégoût pour la Cour de Portugal, Sa Sainteté dissimula l'injure, accorda le pardon au Courier, dont l'infidélité meritoit châtiment, & ne voulut pas même qu'on le mît à la question pour lui arracher la vérité.

De ce moment Sa Sainteté porta encore plus loin qu'auparavant sa complaisance pour les deux Ministres irrités, Carvalho & d'Almada. Le Bref restreint au cas présent avoit déplu à Mr. de Carvalho ; il l'avoit renvoyé, en demandant qu'il fût perpétuel: Sa Sainteté le fit expédier perpétuel ; & , de peur que Mr. d'Almada ne s'avisât encore de se piquer, Sa Sainteté voulut qu'on lui en montrât la minute. Il forma quelques petites difficultés sur quelques expressions : les corrections furent faites à son gré. Comme cependant, après ces corrections, il ne pouvoit encore s'assurer, disoit-il, qu'il dût agréer à la Cour, il demanda qu'il lui fût permis d'y envoyer cette minute, pour savoir s'il y auroit encore des changemens à faire. On y consentit ; elle fut envoyée. Mais, au lieu des remercimens, qu'on étoit en droit d'attendre, on reçoit cette froide réponse: Que le Roi est actuellement occupé à des parties de chasse, & qu'on examineroit le Bref à loisir.

Après tant d'empreſſement, on fut bien étonné de tant de froideur, dont on ne pouvoit pénétrer la cauſe. Parmi les perſonnes éclairées il en fut qui penſerent que Mr. de Carvalho ayant fondé le prétexte de la rupture, qu'il méditoit, ſur le refus qu'on lui feroit ſans doute d'un Bref perpétuel, il étoit maintenant très-fâché qu'en le lui accordant on le mît hors de meſures. Il paroît au moins que tant d'ardeur d'abord & enſuite tant d'indolence couvroit quelque myſtere. Quoiqu'il en ſoit, le Saint Pere faiſant des graces, qu'on avoit ſollicitées avec tant d'inſtances, avoit droit, comme nous avons dit, de s'attendre à toute autre choſe qu'à cette eſpece de mépris ou de dédain. Sa Sainteté pourtant voulut bien encore oublier ce qu'un procédé pareil avoit de déſobligeant, & n'en fit même aucune plainte. Même bonté à recevoir, même patience à écouter encore M. d'Almada autant de fois qu'il vouloit audience.

Quelle n'eſt donc pas après cela la ſurpriſe, d'entendre Mr. d'Almada ſe plaindre encore *qu'on lui ferme tous les canaux par où il eût pu faire parvenir juſqu'au Trône Pontifical les intentions de Sa Majeſté Très-Fidelle!* Qu'avoit-il à faire de canaux? Ne pouvoit-il pas y porter lui-même tout ce que ſa Cour le chargeoit d'y porter?

Autre preuve de bonté de la part du Pape: non contente d'avoir permis, par un exemple rare, à l'indigne Dom Antonio d'abandonner le Cloître, & de quitter l'habit de Saint François, Sa Sainteté ordonna encore à la Daterie de lui expédier les Bulles d'un riche Canonicat à Coimbre.

De tout ce que nous avons rapporté jusqu'ici on ne peut se dispenser de conclure que si Sa Sainteté a donné quelques marques de son affection pour les Jésuites, elle a montré de bien plus grands égards encore pour la Cour de Portugal, & pour son Ambassadeur à Rome une patience plus qu'héroïque.

Cette patience, il est vrai, ne put durer toujours. On en vit le terme lorsque le Pape obligea M. d'Almada à sortir de Rome & de l'Etat de l'Eglise. Mais Sa Sainteté n'en vint là qu'après avoir appris avec quelle ignominie & quelle violence on avoit chassé son Nonce de Portugal. Encore cette insulte n'eût-elle peut-être pas suffi pour faire prendre au Pape une résolution si juste, s'il n'y eût été comme forcé par l'impolitesse, ou plutôt par l'arrogance & l'orgueil insoutenable que faisoit paroître Mr. d'Almada dans les placards affichés par son ordre. Dans cette rencontre encore brilla toute la modération de Sa Sainteté, puisque l'on eut tous les égards dus au Souverain que représentoit M. d'Almada. Pour le congédier, on n'usa que de politesse; bien éloigné de prendre pour modele la maniere dont Lisbonne venoit de traiter le Cardinal Nonce Acciaioli. A Rome, comme à Lisbonne, on eût pu feindre une émeute populaire, on eût pu dire qu'il falloit mettre à couvert de toute insulte la personne de l'Ambassadeur; &, en conséquence de ces suppositions, le faire conduire par une bonne efcorte jufqu'à la frontiere. Manquoit-on de foldats pour l'y accompagner.

Mais étudions encore le Manifefte, & continuons à voir le but qu'on s'y propofe. De ce que Sa Sainteté a interpofé fes bons offices auprès de Sa Majefté Très-Fidelle, pour que les prétendus coupables ne fuffent pas punis de mort, Mr. de Carvalho en conclut dans fa Sainteté une affection outrée pour les Jéfuites. Il faut donc qu'il ne fe fouvienne pas, qu'en même-tems que le Pape implore en leur faveur la clémence du Roi, il lui envoie aufli la permiffion de les faire mourir; qu'il la lui envoie très-librement & de fon plein gré, pouvant abfolument la refufer; qu'il l'envoie, malgré mille motifs de la refufer en effet, malgré la répugnance infinie qu'éprouvoit fon cœur paternel en l'accordant. Si donc on veut raifonner jufte, il faut dire que, quelque grande que pût être l'affection du Pape pour les Jéfuites, fon defir de fatisfaire la Cour de Portugal étoit bien plus grand encore. La preuve fe tourne donc contre Mr. de Carvalho.

Il en apporte encore une autre de la partialité du Pape; c'eft que Sa Sainteté a voulu détourner le Roi du deffein où il étoit d'exiler tous les Jéfuites fans exception; en quoi Mr. de Carvalho trouve (ce font fes termes) *une témérité exceffive*. Il prétend, en outre, que c'eft là s'ingérer dans le Gouvernement politique du Royaume. Il ne penfe donc pas que, dans ce bon office,

Sa Sainteté n'eût peut-être pas moins en vue le bien géneral des Etats de Portugal, que l'avantage particulier des Jésuites. Il ne pense pas que Sa Sainteté s'en tint à des prieres & à des conseils ; chose si permise à quiconque, & apparemment permise aussi au Vicaire de Jesus-Christ. Il ne pense pas enfin que Sa Sainteté ne se porta point d'elle-même à ce bon office ; mais qu'ayant à repondre au Roi, qui lui notifioit ses desseins sur ce point, elle se vit obligée de lui en marquer ouvertement son avis.

Quant au Gouvernement politique, Mr. de Carvalho eut agi, ce semble, beaucoup plus prudemment de ne pas toucher à cet article, qui seul fourniroit bien des choses à dire. On ne dispute point à un Souverain le droit d'exiler de ses Etats les perturbateurs publics, fussent-ils Prêtres ou Réligieux. Mais Mr. de Carvalho prétendra-t'il étendre ce droit à un nombre quelconque de Réligieux & de Prêtres, & le porter jusqu'à les chasser tous à la fois ? Qui ne voit qu'ôter tout d'un coup à un Royaume & Prêtres & Réligieux, c'est, par une suite nécessaire, lui enlever la Réligion elle-même ? Quoi donc ! en pareil cas, le Souverain Pontife, à qui Jesus-Christ a confié le soin du troupeau dans tout l'univers, le Souverain Pontife devra se contenter d'être le témoin de l'exil de tous les Ministres des Autels ; & s'il veut se mêler de cette affaire, on pourra dire qu'il s'ingere mal à propos dans le Gouvernement, sur un article qui ne le regarde point.

Mais, sans nous arrêter davantage à ces réflexions, à qui Mr. de Carvalho fera-t'il croire que plus de quinze cents Jésuites exilés des Etats Portugais étoient tous en géneral & chacun en particulier des perturbateurs du repos public ? Il s'agit ici, comme on voit, d'un nombre considerable de Réligieux. Il s'agit de cette espece de Réligieux dont les travaux contribuoient le plus à faire fleurir la pieté parmi les Fideles, à étendre la Foi parmi les Barbares. Il s'agit d'une foule de Missionnaires envoyés, par l'autorité du St. Siége, dans les contrées incultes de l'Amérique, pour y annoncer l'Evangile. Or voilà maintenant que tous ces Réligieux ensemble sont exilés. Le fait est certain. Pour les raisons, on n'en sait autre chose que ce qu'il plait à un Ministre très-suspect d'en alléguer dans les Edits du Roi. La ruine de ces Missions & de cette nouvelle Chrétienté paroit inévitable, à moins que par de nouveaux Ouvriers Evangéliques on ne supplée au zele des premiers; à quoi on ne voit pas bien que Mr. de Carvalho s'empresse de pourvoir. Il n'est donc pas si certain, si prouvé que, dans une affaire de cette importance pour la Réligion, le Chef de l'Eglise universelle n'eût pu intervenir; & que s'il l'eût fait, on eût été fondé à décider hautement que, par *une excessive témérité*, le Saint Pere eût voulu s'ingérer dans le Gouvernement politique de Portugal. Mais nous n'en sommes pas là; puisque, ainsi que nous l'avons dit, Sa Sainteté, précisément pour ne pas donner

de

dé nouveaux ombrages à la Cour de Portugal, s'est bornée aux conseils & aux prieres.

C'est par cette même raison que Sa Sainteté n'a pas jugé convenable de fulminer aucun Monitoire contre le Ministre, pour tant de violements des Immunités Eccléfiastiques dont il s'est rendu coupable devant Dieu, & dont il est comptable à l'Eglife. Le Souverain Pontife eût pu lui montrer, comme prêts à être lancés, ces foudres si redoutés par-tout où regne la vraie Foi. Il ne l'a pourtant point fait, de peur d'augmenter la confusion dans ce Royaume. Autrement, comment Mr. de Carvalho s'y fut-il pris pour justifier l'emprisonnement de tant de Réligieux, à nombre desquels lui-même n'a pu imputer d'autre crime que celui d'être Jésuites, ou d'avoir administré les revenus de leurs maisons; pour excuser la déposition d'un Archevêque, & l'injuste violence employée contre un Nonce Apostolique? Est-ce donc que l'exil des Jésuites a fait changer de nature aux biens Eccléfiastiques qu'ils possedoient? N'est-ce pas au Pape qu'il appartient d'en disposer? Le Pape n'auroit-il pas pu, par l'intermination des Censures, obliger Mr. de Carvalho à fournir au moins le nécessaire aux exilés le reste de leurs jours? Pour qu'il puisse trouver sur tous ces points quelque moyen de défense, le droit du Souverain Pontife en cette matiere est trop évident; & trop claires sont aussi les dispositions des Saints Canons, dont le Pape est le vengeur & le Protecteur suprême. Malgré tous ses droits, Sa Sainteté

F

a toleré tant d'atteintes à l'Immunité Ecclésiastique. Elle n'a pas voulu en user de ces droits, elle n'en a pas même fait mention.

Que l'on compare donc encore un coup ce qu'a fait le Saint Pere avec ce qu'il pouvoit faire de plus en faveur des Jésuites, & pour le maintien même de son autorité. De ce côté de la balance qu'on ajoute ses complaisances pour la Cour de Portugal, & son invincible patience pour tous les dégoûts, ou plutôt pour tous les affronts qu'il en a reçus; & qu'ensuite le Public prononce si un Pape, qui a eu tant d'égards pour pour le repos de ce Royaume & pour les vues du Monarque, peut avec justice être seulement soupçonné d'avoir voulu rompre avec le Portugal.

Nous oserons bien le dire : si l'on pouvoit faire à Sa Sainteté quelque reproche, ce seroit d'avoir usé de trop d'indulgence, d'avoir eu trop de ménagemens pour cette Cour. Mais l'importante réflexion, que cette conduite pourroit conserver tout un Royaume à la Réligion Catholique, ne lui permettoit pas de s'astreindre en toute rigueur aux autres devoirs, subordonnés à ce premier. C'est cette vue qui fera sa consolation devant Dieu, &, s'il en étoit besoin, sa justification devant les hommes. Mr. de Carvalho ne s'en efforce pas moins de nous persuader que la Cour de Rome a voulu rompre avec le Portugal, & que de plus elle a été la premiere à lui déclarer formellement la guerre. Il le décide nettement dans son Manifeste. Mais heureusement il a oublié de faire *signer* cette déciſion; ainſi permis à nous d'en douter encore.

Ce doute pourtant n'accommodera point Mr. d'Almada, ſi conforme, dans ſa façon de penſer, & à celle de Mr. de Carvalho, ſon bienfaiteur & ſon parent. Ce ſage & prudent Ambaſſadeur, ſuppoſant auſſi cette belle déclaration de guerre, quand il fit publier à Rome le Manifeſte dont nous avons parlé juſqu'ici, l'appuya d'un Placard à la porte de l'Hôpital de la Nation Portugaiſe. Placard en vérité terrible & foudroyant! car il menaçoit la Cour de Rome de la priver au plutôt de ſa préſence, & d'ordonner à tous Portugais de ſortir ſans délai des Terres du Pape. Mais enſuite, ſe flattant (on ne ſait trop ſur quoi) que la Cour de Rome viendroit ſans doute le prier à genoux de ne point l'abandonner, & delà eſperant auſſi follement qu'elle accéderoit à quelque propoſition que ce fût, à condition ſeulement qu'il voulût bien ne pas partir; il ſe raviſa tout-à-coup, jugea à propos de ſuſpendre l'effet de ſes menaces, & fit enlever ſon Placard. Ce ne fut pourtant que pour lui en ſubſtituer un autre encore pire, par lequel il notifioit qu'il étoit prêt à reſter encore, ſur la confiance aſſurée que Sa Sainteté feroit inceſſamment au Roi ſon maître toutes les ſatisfactions convenables, pour les affronts que Sa Majeſté avoit reçus coup ſur coup du Cardinal Torrigiani & des Jéſuites de Rome; affronts dont, à ce qu'il aſſuroit, *l'Europe entiere avoit été ſcandaliſée.*

De quels affronts parle-t'il? On l'ignore. Quelles satisfactions exigeoit-il? On le devineroit encore moins. Sans doute il aura demandé qu'on ôtât au Cardinal son emploi, & qu'on abolît & détruisît pour toujours la Compagnie, & cela promptement, toute affaire cessante, sans quoi Mr. l'Ambassadeur partoit. Pouvoit-il demander moins? N'étoit-ce pas ce Cardinal Torrigiani, *dont l'animosité extraordinaire, scandaleuse & inouie* (ce sont les termes du Placard) *étoit montée à un tel excès que de déclarer la guerre à S. M. T. F. en personne?* Mr. d'Almada montroit donc assez de discrétion, en n'exigeant autre chose, sinon qu'on destituât le Cardinal de son emploi.

Quant aux Jésuites, n'a-t'on pas décidé solemnellement dans les Edits *signés par le Roi*, *qu'ils sont corrompus d'une maniere déplorable, non seulement dans les particuliers, comme il arrive quelquefois à d'autres Réligieux, mais encore dans tout le Corps en général; & que cette corruption invétérée est sans remede?* La chose ne peut donc aller autrement, & ce seroit un blasphême horrible que de disputer là-dessus. Il faut donc anéantir un Ordre si pervers; d'autant plus qu'il n'est guères d'autre moien de l'empêcher de retourner encore en Portugal; & que cet article est d'une extrême importance.

Tel étoit le projet du premier Ministre. C'est trop peu de chose pour lui d'avoir détruit, par-tout où se fait sentir son autorité, la Compagnie de JESUS; ce qui pourtant devroit bien lui suffire. Mais, quand même on lui eût accordé tout ce qu'il lui avoit pris fantaisie de demander, cette facilité eut-elle empêché la rupture? On ne sauroit se le persuader, lorsqu'on observe que tant de complaisances, tant de concessions n'ont pu la prévenir. Elle n'eût été tout au plus que différée; & comme elle est une piéce nécessaire au systême Anglican, on eût à coup sûr inventé quelque autre prétexte pour la faire. Alors, avec le regret d'avoir été complaisante au-delà des bornes du devoir & de l'équité, Rome eût encore eu la honte d'avoir été trompée. Avec de telles instructions, Mr. d'Almada partoit toujours, & puis ne partoit plus.

Mais enfin toutes ces vues si secretes, toutes ces mesures si bien prises, dont quatre Couriers en moins de douze jours avoient apporté les instructions à Mr. d'Almada, la divine Providence voulut qu'elles se vissent tout à coup découvertes, dérangées, déconcertées par la fermeté du Pape, qui, oubliant pour un moment sa douceur naturelle, pour se souvenir enfin qu'il étoit Prince Souverain, & Prince outragé, ne jugea pas à propos de souffrir plus long-temps un homme extrême en tout, qui ne connoissoit aucunes bornes. Mr. d'Almada, bon gré malgré, fut donc contraint de sortir de Rome. Son Eminence le Cardinal Torrigiani continue à remplir avec la satisfaction de Sa Sainteté & l'applaudissement du Public l'emploi de Sécrétaire d'Etat, & la Compagnie de Jesus, selon toutes les apparences, survivra à Mr. d'Almada, à Mr. de Carvalho, & à tous ceux qui la persécutent aujourd'hui. Pleine de confiance en l'équité de Sa Majesté Très-Fidelle, en l'amour de la Nation Portugaise, elle ne perdra jamais l'espérance de retourner un jour avec gloire dans un Royaume d'où l'on a prétendu la chasser pour toujours avec tant d'ignominie. Que s'il arrivoit, ce qu'à Dieu ne plaise, de permettre, que la rupture avec Rome causât quelque préjudice à la Religion dans le Portugal, le Saint Pere au moins ni ses Ministres n'auront là-dessus aucun reproche à se faire, & Rome en souffrira bien moins que le Portugal.

Ici devroient finir nos Observations. Qu'on ne pense cependant pas que nous ayons oublié le Nonce Cardinal Acciaioli, autre Ministre de Sa Sainteté, sur lequel Mr. de Carvalho fait tomber une grande partie de ses plaintes : plaintes vagues & sans aucun fondement. Au défaut de faits qu'on pût alléguer contre lui dans le Manifeste, on ne l'y accuse que de n'avoir pas donné dans son Palais les marques accoutumées de réjouissance à l'occasion du mariage du Sérénissime Infant. Or, de cette omission, le Cardinal s'en est assez justifié dans un écrit que le Secretaire d'Etat a rendu public.

Pour nous, n'ayant trouvé aucune preuve de fait qui eût besoin de défense, nous avons cru ne devoir faire aucun cas des paroles : paroles les plus outrées, expressions de la plus grande force, il est vrai. On ne parle que *d'attentats horribles*, *d'insultes pu-*

bliques, de menées clandestines, téméraires & séditieuses, d'absurdités sur absurdités, d'excès, de scandales, qui ont jetté dans l'étonnement l'Europe entiere, & même tout le monde Chrétien. Mais paroles, après tout, pures paroles, qui ne prouvent du tout rien. Nous pouvons donc les regarder comme des brillants & des ornements dans le style, auxquels Mr. de Carvalho a accoutumé nos oreilles, & qui ne font pas la moindre impression.

Personne n'ignore que les grandes qualités du Cardinal Acciaioli, son intégrité, sa sagesse, sa prudence le rendirent constamment agréable à la Cour de Portugal, lui gagnerent même la confiance du premier Ministre, jusqu'au moment où commencerent contre les Jésuites ces procédures si irrégulieres & ces violences si notoires, que le Cardinal n'avoit garde d'approuver. Voilà toute sa défense.

Au reste, à s'en tenir au Manifeste même, tout le crime du Cardinal, c'est d'avoir exécuté fidelement toutes les commissions dont sa Cour le chargeoit, d'avoir présenté les lettres & les mémoires qu'il en recevoit pour celle de Portugal. C'est en substance à quoi se réduit tout ce qu'on lui impute dans le Manifeste. On y avoue, peu s'en faut qu'on ne s'y glorifie d'avoir violé les droits les plus sacrés de la foi publique en interceptant les lettres du Nonce. On nous apprend, dans le sommaire du Manifeste, que très-souvent on a fait les plus fortes représentations à S. S. pour l'engager à rappeller fans délai le Cardinal Acciaioli ; tandis qu'il eft très-notoire que, dès le temps de la promotion des Cardinaux, Sa Sainteté ayant voulu le rappeller, la Cour de Portugal ne le permit point, & refufa obftinément une année entiere d'entendre à aucune propofition fur le choix d'un fucceffeur à la Nonciature. Tellement qu'il eft de la derniere évidence que la Cour de Portugal n'a jamais voulu d'autre Nonce que le Cardinal Acciaioli, ou plutôt qu'elle ne vouloit point de Nonce.

Ainfi Dieu confond-il quelquefois les penfées des plus grands Politiques, fur-tout quand ils fe propofent de tromper le Public & d'opprimer l'innocence. Ils tombent dans les contradictions les plus palpables. Leurs actions, leurs paroles fe détruifent mutuellement.

Ainfi, de toutes les exagérations, de toutes les inconféquences, de toutes les fauffetés de ce Manifefte, on tire une juftification plus que fuffifante de la Compagnie de JESUS. Ainfi enfin fe vérifie cette parole de la Sageffe : *Il a dévoilé la fourberie de ceux qui voulurent la noircir. Mendaces oftendit qui maculaverunt il*

F I N.

www.ingramcontent.com/pod-product-compliance
Lightning Source LLC
LaVergne TN
LVHW050639090426
835512LV00007B/933